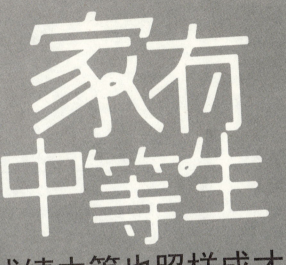

家有中等生

成绩中等也照样成才

东子 / 著

北京大学出版社
PEKING UNIVERSITY PRESS

图书在版编目（CIP）数据

家有中等生/东子著. —北京：北京大学出版社，2010.10

ISBN 978-7-301-17776-1

Ⅰ. 家… Ⅱ. 东… Ⅲ. 家庭教育 Ⅳ. G78

中国版本图书馆 CIP 数据核字（2010）第 177051 号

书　　　名：	家有中等生
著作责任者：	东　子　著
责 任 编 辑：	秦　雯
标 准 书 号：	ISBN 978-7-301-17776-1/G·2948
出 版 发 行：	北京大学出版社
地　　　址：	北京市海淀区成府路 205 号　100871
网　　　址：	http://www.pup.cn
电　　　话：	邮购部 62752015　发行部 62750672
	编辑部 82893506　出版部 62754962
电 子 邮 箱：	tbcbooks@vip.163.com
印　刷　者：	北京正合鼎业印刷技术有限公司
经　销　者：	新华书店
	787 毫米×1092 毫米　16 开本　11 印张　130 千字
	2010 年 12 月第 1 版第 3 次印刷
定　　　价：	25.00 元

未经许可，不得以任何方式复制或抄袭本书之部分或全部内容。
版权所有，侵权必究
举报电话：010-62752024　电子邮箱：fd@pup.pku.edu.cn

目录 CONTENTS

第一章　中等生：行走在教育遗忘的边缘
渴望关注却备受漠视　　/3
成绩不理想不是因为笨　　/9
没有他信所以没有自信　　/11

第二章　反思：你是问题家长吗
甩手放任型家长　　/19
　　● 密切关注中等生的学习生活　　/23
　　● 再忙也要找时间多陪中等生　　/23

粗暴打骂型家长　　/24
　　● 教育中等生要严而有格　　/27
　　● 教育中等生要有章法　　/28

虚荣攀比型家长　　/29
　　● 不要把中等生比来比去　　/33
　　● 用平常心去培养中等生　　/34

冷嘲热讽型家长　　/35
　　● 小心呵护中等生的自尊心　　/38
　　● 善于发现中等生的闪光点　　/38

第三章　放心去飞：中等变优等的五个起点

创造健康快乐的家庭环境　/43
- 家长要以身作则勤奋上进　/46
- 营造和睦快乐的亲子氛围　/47

多一点沟通多一分理解　/47
- 沟通是理解的桥梁　/50
- 有信心更要有耐心　/51

帮助中等生寻找自信的支点　/52
- 家长的肯定是前提　/55
- 激励促使中等生向优等转化　/56

寻找机会让中等生品尝成就感　/56
- 家校结合为中等生创造成功的机会　/60
- 鼓励中等生自己想办法解决问题　/61

鼓励中等生发掘自己的强项　/62
- 发现中等生的特点和强项　/64
- 鼓励中等生展示自己的强项　/65

第四章　爱拼才会赢：中等生成绩变优的十大利器

让中等生明白为什么而学　/69
- 明白为什么而学比怎样学更重要　/70
- 变"被动学习"为"主动学习"　/71

有一个明确的学习目标 /72

- 制定学习目标的两个原则 /75
- 有计划地实施目标 /75

帮助中等生调整学习状态 /76

- 教中等生学会调节学习压力 /78
- 要中等生快乐地"玩过小学" /80
- 要中等生愉悦地"乐过中学" /81

一日四问帮助中等生强化自我监督能力 /83

- 问今天上课认真听讲了没有 /83
- 问今天所学的知识掌握了没有 /84
- 问今天的作业完成了没有 /85
- 问明天要学的新知识预习了没有 /85

预习里的大奥秘 /86

- 预习不是为了提前学会 /87
- 要掌握合适的预习方法 /88

听课贵在得法 /89

- "认真"是听课的第一步 /89
- 听课重在思考而非记忆 /90
- 做笔记要分清主次 /90

课堂上要大胆提问 /92

- 鼓励中等生主动大胆提问 /96
- 用赞扬肯定中等生的提问 /97

复习里的小窍门　/98

- 复习一定要趁热打铁　/99
- 采用不同的复习策略　/99
- 应用是最好的复习方法　/100

寻找偏科的根源所在　/101

- 偏科首先是心态问题　/103
- 偏科也是兴趣问题　/105
- 理性思考短板原因　/105

做题考试不是唯一　/106

- 多读课外书扩大知识面　/107
- 多给中等生提供在实践中学习的机会　/107

第五章　隐形的翅膀：让中等生飞得更高的八个秘诀

一定要克服自卑心理　/111

- 帮助中等生正视自己　/114
- 体验成功提高自信　/115

要学会调整抑郁情绪　/116

- 疏导化解中等生的抑郁情绪　/118
- 有意识地与中等生缩短距离　/119

竞争意识要逐步树立　/120

- 教育中等生追求公平竞争　/121
- 提醒中等生竞争不忘合作　/121

有乐观心态才会天天向上 /122
- 有乐观的家长才有天天向上的中等生 /124
- 给中等生提供发泄苦闷和委屈的通道 /125

拥有平常心是幸福之源 /126
- 要中等生克服焦虑心理培养平常心 /127
- 家长对子女教育也要有平常心 /128

懂得争取也要学会放弃 /129
- 教会孩子决定取舍 /133

宽容他人才能快乐自己 /134
- 告诉中等生宽容并不代表软弱 /137

成功不拒绝失败 /138
- 引导中等生把失败变成财富 /142

第六章 明天会更好：中等生要记住的四个"重要"

品行好比学习好重要 /145
- 拥有谦虚之心才能认清自我 /147
- 知恩报恩才能坦对人生 /148
- 与人为善才能赢得朋友 /149
- 乐于分享才能感受快乐 /150

善学习比拿高分重要 /151
- 不要太看重学习成绩 /153
- 善学习就要会思考 /154

能力强比分数高重要　　/156

- 表达能力让中等生展现自我　　/157
- 交际能力让中等生左右逢源　　/158
- 创新才能让中等生拓宽未来　　/159
- 动手能力为中等生增添自信　　/159
- 吃苦能力为中等生人生添彩　　/160

能快乐比会成功重要　　/161

- 可以不成功但不可以没有快乐　　/164
- 快乐生活是一种能力　　/165

第一章

中等生：
行走在教育遗忘的边缘

渴望关注却备受漠视

现在的学校教育和家庭教育中普遍存在着这样一种现象：学习成绩较好的孩子，一般会备受老师和家长的重视；学习成绩较差的孩子，在学校也会备受老师的关注，有问题老师会经常找家长汇报；而唯有"比上不足，比下有余"表现平平的中等生，最容易被老师和家长忽略。这些孩子像一群灰色的小鸟，疲惫地行走在现行教育遗忘的边缘。他们有一个我们大家所熟知的名字——中等生。

对于"中等生"相信大家并不陌生，因为他们实在是太多了，环顾左右，比比皆是，可能就包括曾经的你我。如以20%为"优等生"、20%为"后进生"来计算，余下的60%为中等生，那么，在一个50人的班级里，就有30人是中等生；在一个1500人的学校，就有900个中等生；在全国2亿多中小学生中，就有高达1.3亿的"中等生"。想想看，这是一个多么庞大的数字，一个多么巨大的群体！然而，现实中这个人数众多的群体，恰恰是一个被学校教育和家庭教育忽视的群体。**相对于"优等生"得到的青睐、"后进生"得到的关注，这些"中等生"备受冷落。**

众所周知，在家里，优等生可以让父母寄托无限希望，可以让父母在同事和亲友面前挣足面子；在学校里，优等生可以提高各个学科优秀率，在升学考试中能够多为老师争几个重点校的名额，也是老师教学绩效考核的"活广告"。后进生的进步，则可以使父母化失望为希望，成为老师"转化后进生"工作的师德材料。而中等生呢？他们在家长和

家有中等生

老师面前"前不见得高分,后不见进步",他们不能像优等生一样光环闪烁,也不会滑入后进生的行列,所以总是默默无闻,处于被家长和老师忽视的位置。

一次小学 5 年级的期中考试之后,张雪的成绩退步非常大,语文只得了 55 分。一天放学后班主任老师想和她谈一谈,可是,还没等老师说话,快言快语的张雪先开口了:"老师,以前我喜欢您,但是现在有点不喜欢了,因为在您的眼里只有好学生和差学生,您越来越不注意像我一样的中等生了。我们付出了很多努力,认真学习,不给您添麻烦,然而,我们还是被您遗忘的中等生。我们的成绩不好也不坏,不会让班级的状况大起大落,您不指望着我们出人头地,当然,也不用担心我们搅乱班级,我们就这样被您遗忘了,有时好几天您都不跟我们中等生讲一句话,这是不是不公平?您知道吗?我们也一直在努力,希望得到您的肯定、您的帮助。我嫉妒那些被您关注的成绩优秀的学生,可是我怎么努力,您就是不注意我,我学习还有什么意思呢?"

一位初中生的网上日记写道:

我是如此不起眼。同学们议论起我时,总找不到合适的字眼,连老师都说,你不好好学习,将来能做什么呢?我坐在一个偏僻的角落里,这个位置在老师的视野之外,最适合我这个中等生了。而我的同桌和前位却是班里叫得响的好学生。那时每次考试结束后,老师都会做总结,抽空让一些同学去他办公室里谈话,进步的给些鼓励,退步的鞭策一下。那些同学的成绩基本都在班级十名之内,我虽然远在这个范围之外,却也渴望哪一天能被叫去,即使是说几句批评的话。

有一次,同桌从老师办公室里回来,笑着对前位说:"这老头儿太苛刻了,让我下次要进入年级前八名!"语气里除了不屑,更多的是得意。那是他们的要求和目标,直接而明确。但在我,只有尴尬和无助。当时默默地想,老师若要求我进入班级前十名,我一定会拼命努力。

一天下午,老师一脸亲切,径直向我走来,我能感觉到手心里渗出的汗。他走近后对我说,你的同桌怎么没来啊,来时你让他去我办公室吧。

马上要中考了,一次自习课上老师说:"班里考上重点高中的也就十几个,剩下的都是在陪读。"听了这句话,我很伤心,很迷茫。既然我们这些中等生没有前途,那我们还参加中考干什么?

一位中等生给老师的信中写道:

老师,你在班里分了许多小组,每个小组有三个成员,分别是优秀生、中等生和后进生各一人。我是七组的中等生。在这个小组里优秀生阿文是"领头羊",后进生阿亮是"改造对象",但我不知道自己在这个小组里有什么"头衔",不知道能做什么。

有一天，你让我们小组的三位同学到办公室帮着打扫卫生。我们来了，你分配的任务是：阿文擦玻璃，阿亮扫地，让我负责送垃圾。

老师，你还记得吗？你先和阿文一起擦玻璃。你们一边擦玻璃一边谈学习的事，谈到高兴处你就开怀大笑。你说阿文脑袋大，聪明，脑袋里装的知识就多，将来能成名成家，说得他美滋滋的。过了一会儿，你又帮着后进生阿亮扫地。你们一边扫地一边谈遵守纪律的问题。你拍了拍他的头说："你近一段时间很有进步，不过，离要求还差着一截呢，以后要认真学习，好好遵守纪律。你小子将来也不简单。"阿亮回应说："谢谢老师鼓励，我会努力的。"

我一直站在那里等着送垃圾，你没发现我吗？老师，你与优秀生谈学习，与后进生谈纪律，难道与我就没话可说吗？我是个中等生，一个中等生也希望与老师你一起聊一会儿，也盼着你给句鼓励，或是拍拍我的肩膀。但老师你真是忽视了我，甚至连我的存在也没发现。我知道自己成绩一般、纪律尚可、个性不突出，我就是这样一个既没给你争过光，也没给你惹过事的中等生。我的存在既不会让你赏心悦目，也不会让你忧心忡忡。如此，我就成了你不关注、不关心的中等生了。

前天，我要出校门去配眼镜，来办公室找你开张"出门条"。你抬头看了看我，却捏着笔迟迟不写，然后再看看我，再低头想一想。好大一会儿，我才明白过来：你一定是忘记我的名字了。于是，我轻轻地告诉你："老师，我是七组的史峰。"你尴尬地笑了一下说："噢，对不起，我竟然提笔忘字了。"然后你才给我写了"出门条"。接过条子，我不但感到失落，更多的是伤心……

这就是中等生——后进生的预备队，优等生的后备军。这是一群行走在教育遗忘边缘的孩子，拉一把他们就会成为"好孩子"，而推一把可能就会把他们变成"坏孩子"。是拉还是推，我们为人父母的该当思量。

渴望被重视、被关爱是每个孩子的本性。只要仔细观察，就会发现每个孩子都在用自己的方式吸引老师和父母的关注。优等生凭学习成绩好，后进生可能靠的是别出心裁的调皮、捣乱。那么中等生呢？

中等生学习成绩不好不坏、安分守己、默默无闻，却因此容易受到老师和家长的忽略。他们属于"听话"一族，但思想不稳定，缺乏强烈的竞争意识，敏感偏激，自我调控能力差。他们往往安于现状，认为"比上不足，比下有余"，缺乏刻苦攻读的意志和毅力，认为争上游太苦太累，而且也不一定有前途等。久而久之，他们形成了得过且过的态度，甚至对学生们视为生命的考试，都抱着无所谓的态度。

当这部分孩子得不到老师和家长的及时肯定时，他们往往会产生消极的情绪，不再上进，不再表现，放任自我，最终导致学习成绩停滞不前，甚至对自己的能力以及人格魅力都产生了怀疑。老师的忽略，家长的不管，使这些孩子成了"姥姥"不亲、"舅舅"不爱的"弃儿"，由此给他们带来多种问题：厌学、早恋、自卑、抑郁、自闭、偏激、随大流……

在班级学习处于中等的初二学生小杰，半年前从爷爷奶奶

家有中等生

身边转学来到爸爸妈妈家附近的一所学校。在新的学校里，周围都是陌生的同学，小杰感到很孤单。小杰试着同新班级上的同学打招呼，但由于时间短，还没有建立起朋友圈，看着其他同学放学后结伴而行，小杰很是羡慕。

小杰的爸爸妈妈开了一家不大的工厂，生意不错，平时也很忙。因为小杰的成绩一直位居中等，爸爸妈妈觉得他将来也考不上什么好大学，还不如中学毕业后在自己家里的工厂干，所以对小杰的学习情况不闻不问，认为只要不学坏就行，就连学校的家长会都不去参加。小杰每天放学后就是写作业、看电视、上网，反正是自己打发时间。

由于空虚、无聊，在QQ上小杰结识了一个16岁的女孩，几天后他们还见了面。这个女孩给了小杰在爸爸妈妈和同学那里得不到的情感和精神满足，这使他深陷其中，不能自拔。小杰每天精神恍惚，满脑子都是同这个女孩见面、开心玩的事，上课经常走神，作业也没心做，致使学习成绩迅速下滑。

然而，中等生同样渴望家长和教师的重视与关爱，他们渴望着家长的一句鼓励的话语，一次肯定的眼神接触，一个赞赏的手势……对这个"普通"的"特殊群体"，家长和教师稍微给予一点关注，都会给其人生路上注入无限动力。这些孩子如果能够像其他"生"那样，得到家长和老师的关心关注，教导引导，对他们严格要求，用心拉他们一把，他们就会和优等生一起进步向上，转变为中等生；相反，如果老师和家长对他们不闻不问，放任自流，他们就会失去机会，退步落后，最后滑落到后进生的行列。

总体讲，中等生一般心细，善于察言观色，渴望教师和家长的关注。但他们大都缺乏主见，缺乏学习、活动的热情，缺乏与人竞争的勇气和毅力，还缺乏在集体生活中唱"主角"的机会，他们还往往形成目标观念差、控制能力弱、从众意识强的消极心理。家长要疏导和转变这种消极的心理，最有效的方法是用爱去呵护孩子的心灵，用欣赏的眼光看待孩子，发现他们的可爱之处和闪光点，尽量给予鼓励和热切的期待，用爱架起教育的桥梁，扬起激情的风帆。

这种情况下，家长和老师则应主动接近他们，做他们的知心朋友，走进他们的心灵世界，理解他们的苦衷，尊重他们的人格。家长和老师带有爱和信任的目光，哪怕是仅仅投向中等生的一瞥，也会让他们心灵的深处感光显影，映出美丽的图像。

每个孩子在班级里都是几十分之一，但在家庭里，却是100%。他们代表的是一个甚至是几个家庭的希望。所以，关注每一个学生的成长与发展，应该是我们每一位家长和教师的责任，我们不能因自己个人的利益得失，而忽视了中等生的培育，我们的家长和教师应该在关爱中等生的成长中多负一些责任。

成绩不理想不是因为笨

中等生有一定的学习基础和较强的自尊心，但学习成绩却总是不理想，始终处于不上不下的中等状态；他们往往对自身认识不足，缺乏足够的学习热情，缺少与人竞争的勇气；他们因为成绩平平，既得不到老师的表扬，也挨不着老师的批评；在学校里老师们无暇顾及这部分默默

家有中等生

无闻的孩子，认为他们无足轻重，在家里家长也认为他们成绩名次不靠前，将来升学没啥希望，对他们采取放任的态度。

很多家长认为，孩子考不好是自身笨的原因，其实这种看法有失偏颇。根据东子的调查了解，学习不好的孩子有很多原因，大多数是学习方法不当或孩子没有尽心努力，只有很少（不超过5%）的孩子是因为智力因素所致，也就是我们平时所说的"笨"。

上初三的小伟成绩中等，总分徘徊在400分到420分之间，所以当时班主任给小伟的升学定位是一般高中，或者是录取分数比较低的职校。一次家长会后，爸爸找小伟谈了话。爸爸很肯定地对小伟说："儿子，我相信你一定能进重点中学的。"小伟当时一下子傻了。小伟想："按照我这个成绩，怎么可能进重点中学呢？"但是爸爸花了一个下午的时间和小伟一起分析了现在的学习状况，告诉小伟不足在哪里，优势在哪里，然后对小伟说："这段时间，你只要努努力，把薄弱环节补上来，上重点中学肯定没问题。"从那天起小伟信心倍增，觉得每天复习起来都充满了动力。他主动找到各个科目的老师，请教不懂的问题，多做多练，多看多听。模拟考小伟就进步了不少，结果中考的时候，小伟发挥超常，以470分的总分考入了一所很不错的重点高中。小伟同学虽然平时不是很优秀，但是因为平时学习认真，他的基本功还是比较扎实的，主要还是对自己的信心不足，所以家长和老师适当地鼓励很必要。

对于成绩处于中等的同学而言，考试结果如何，很关键的是他的信心问题。家长应该多给予鼓励，中等生自身也一定要给自己多打打气,如果自信心能得到极大发挥,相信结果能出人意料。

我的女儿依依(范姜国一)虽然总体来看学习成绩还不错,但也有成绩经常处于优等和中等之间的时候。很多次,尤其是跳级后也会考得不好,甚至还考过倒数第一。通常情况下,孩子考得好时,就会得到老师的表扬,心情也会非常好;考中等了或倒数了,就感觉老师不爱答理她了,甚至上课也不再提问她。每每至此,孩子都会情绪低落而倍感伤心地回到家。

如果此时我和她妈妈再埋怨她、训斥她,那孩子会怎样,大家可想而知。作为家长,我也希望孩子能考出好成绩,相信这是所有为人父母的愿望。但由于这样或那样的原因,孩子总会有成绩不理想的时候,孩子考不好又不是她的主观所愿,批评责骂于事无补,且只能适得其反。所以,这种情况下我通常会安慰孩子,鼓励她要相信自己,通过努力一定能赶上去的,并告诉她,即使学习成绩不能赶上去,只要付出努力了,考多少分都无所谓,都一样是爸爸妈妈的好孩子。

没有他信所以没有自信

孩子从小所受到的别人的尊重和信任,是他建立自尊心和自信心的

家有中等生

前提。一个得不到别人尊重和信任的孩子，是不会有正常的自尊心和自信心的。所以家长和老师应当时时注意检点自己的言行，看看是否尊重和信任中等生，是否有伤害"中等生"自尊心和自信心的地方。

上初二的李林同学每次考试各科成绩都中等，其实老师讲的知识点他都懂，掌握得也还可以，就是考试时紧张、容易出错，而且写字慢，有时还答不完卷子。

有一次数学课时，数学老师就才讲过的内容进行了一次小测验，李林答得很好。下课时，老师叫了几个同学留下来，帮助自己改一下班级同学的考卷，李林自认为学得很好，就也主动留了下来，分了几张卷子改了起来。老师看见李林也在改卷子，走到李林身边，一把夺回考卷，给了一个学习优秀的尖子生同学，并说："李林，你回去吧，你的水平还没有到这个程度。"李林尴尬极了，只好沮丧地离开了教室。

李林在日记中写道：为什么每科的老师总是过于信赖这科学习好的同学，而对学习中等的同学那么没有信心？什么事情都交给好同学做，过于信赖这科学习好的同学，而对学习中等的同学为何那么没有信心？什么事情都交给好同学做，好同学也是练好的，让学习成绩平平的同学锻炼一下自己不行吗？

得到赏识是人本性的追求。每个孩子都希望得到家长和老师的肯定，都希望能够快乐自信地成长。可我们的中等生不快乐，不自信。我们的家长不给他们阳光，孩子何以快乐？我们的家长不给他们掌声，孩子何以自信？

家长和老师应注意反省自己，是否因中等生"表现平平"而大失所望？是否常常埋怨中等生"无能"、"不中用"、"没出息"、"不成器"？是否暗自觉得孩子们不如年轻时的自己？是否说过中等生不如优等生的话？是否有当众批评和嘲笑中等生分数低、反应慢？……

尽管有时是无意的，但这种消极的评价对于中等生的自尊心和自信心都是严重的伤害。作为家长和老师，应当多和中等生进行一些"平等"的交流，应当尊重中等生作为班级及家庭一员，在班里和家中的地位；应当听听中等生对班级及家庭建设的意见，能够采纳自然很好，不采纳也应当心平气和地向孩子解释为什么，如此孩子就会体验到自己在家长和老师心目中的地位，体验到家长和老师对自己的期望、尊重和信任，自然也就能够形成健康的自尊心和自信心。

根据"中等生"的心理特点，家长和老师在教育过程中，不能持有偏见，应对他们充分信任，要善于捕捉他们身上的闪光点，给予肯定，并及时给予鼓励，使他们心理上得到满足。要适时地、不断地鼓励他们把这些闪光点发扬光大，去照亮那些"平平"的方面，让他们把在某一方面的激情投入到自己所欠缺的方面，全面发展。

要注意，家长和老师不要成为高高在上的说教者，而应成为他们可依赖、可信任的朋友。在生活中应多与他们接触，让他们感受到来自家长和老师的关心和帮助，感受到自己在班集体中的重要地位，从而加强他们的自律意识，促使他们形成良好的心理状态和行为习惯。这样，他们才能树立起"我能行"、"我也行"的观念，他们才有动力向优等生看齐。

中等生就像一块撂荒的土地，需要我们家长和老师播下希望的种子，需要用激励的语言、赞许的目光、温柔的动作、甜美的微笑去耕

家有中等生

耘。我们要给这个被遗忘的角落以特别的关心,用爱来温暖角落里脆弱的心,把爱捧给他们。

一个叫梁颖的女孩今年刚上初一,她的朗读能力很不理想,一篇刚讲完的课文大多数同学读起来都很流利,可她读得却很吃力。她的语文基础知识也不过关,成绩也不理想。可是,语文老师发现,在课堂上,她是个文静守纪律的女孩子,她的学习态度非常认真。在班级选语文课代表时,梁颖找到语文老师表示想当语文课代表,并表示一定努力干好。老师在梁颖的眼里读到了勇气和渴望,于是给了她这份信任。

一次,梁颖因为领早读时不断出错且声音太小而被同学提了意见,她很尴尬地望着老师,老师给她投去支持的目光,并在她耳边小声地教她该怎么做,并鼓励她声音大一些。经过一段时间后,梁颖的语文成绩进步了,再仔细听听她领早读,也变得大声流利了。

东子向来认为:**教育的最终目的,是让孩子拥有生存的能力,让孩子全面成长,从而可以在漫长的一生里快乐、从容地度过每一天。**现实告诉我们,一个综合能力强、心里充满快乐和阳光的孩子,在学校的成绩不一定好,但走出学校后,无论他身在何处,都会因为适应环境的能力强、生存的能力强,而顺利找到自己的位置,发挥自身的价值。所以教育的最终目的不在于孩子学了多少文化知识,考了多少分,而在于他是否成为一个完整的人,一个全面发展的人。

我们的现行教育有一个很大的误区,就是一味地追寻所谓成功教育，以考北大上哈佛为目标，而忽略孩子的承受能力和心灵感受。成功固然很重要，但并不是每一个人都前程似锦，大多数孩子还是会像你我一样成为生活中的凡人。其实，并不是只有成为"精英"才算成功。一个能在未来自食其力，对事业、生活永远保持乐观态度，对家人对他人充满爱的人，在某种程度上更是一种成功。

我们都曾是孩子，我们当中的很多人也都曾是中等生，换位思考，当年你作为"中等生"时，你的心理感受如何？不希望被理解、被关注、被肯定吗？

理解是转变的开始。

去理解我们的孩子吧，多给予他们一些关爱、赞赏，中等生的人生一定会灿烂如花！

第二章

反思：
你是问题家长吗

甩手放任型家长

有不少家长以"工作忙"、"没时间"为由推托教育子女的责任，尤其是一些学习不上不下的中等生的家长。

这些中等生家长的想法是，反正孩子也没啥大出息，只要不学坏、不出格就行。再加上这些家长忙于单位工作、忙于打拼挣钱，而孩子日渐长大有自己的想法，所以他们虽同居一处，相互之间交流却越来越少。家长无心去注意孩子的学习情况及心理感受，彼此缺少情感的交流与心灵的沟通，更缺少相互的理解。

有些中等生家长对老师说："我这孩子交给您了，别让他惹事就行。"他们对孩子不要求，不教育，以为交给学校就万事大吉了。平时对孩子的学习不闻不问，孩子写完作业让家长检查，家长说："检查什么？明天让老师检查去！你没看见我正忙着吗？"孩子说："老师让家长检查的，还让签字。"家长无奈地拿起孩子的作业本，连看都不看，就把名字签上了。家长这种态度必然导致孩子不重视学习，同时也损伤孩子的学习积极性和自尊心。

有一对夫妻平时也关注孩子的学习，他们给了孩子充足的物质生活，孩子要什么就给买什么，物质需求可谓有求必应。可孩子需要的精神需求，却被他们丢到"爪哇国"去了。夫妇俩经常不在家，除了忙着做点小生意，空余时间就是上麻将馆打麻将，但在家里是从不打麻将的，因为怕在家玩影响孩子学习。孩子个人留在家里无法排遣孤独，就只有上网玩游戏或是看电视。

家有中等生

有道是"种田不锄一季荒,养子不教一世枉"。以为孩子生下来把他养大,给他吃饱穿暖,自己的"任务"就算完成了,至于将来能否成人、成材不用去想,这是对孩子的一种放任。

胡先生是一个出租车司机,爱人下岗后找了一份在医院做护工的工作。由于工作都很忙,他们无暇顾及儿子,就把孩子推给了已退休的爷爷奶奶。刚开始爷爷奶奶的话孩子还听,但随着年龄渐长,爷爷的话不好使了,奶奶的话也不听了。他不想上学就不去,老师留的作业不想做就不做。

孩子上中学后,其学习及生活更是处于失控状态,有时还逃学去网吧上网,致使本来聪明伶俐、小学时学习成绩还不错的孩子,上中学后成绩逐渐下降,变成了班级的中等生。老师给家长打电话告知了孩子的情况,家长却说:反正孩子学习也不拔尖,也没指望他考上啥重点学校,将来能考个一般高中、上个一般大学、毕业能有份工作就行,我们对他也没有过高的要求,老师您也不用多费心了。

到了初二的期末考试,胡先生在家长会上了解到,孩子各科成绩都不好,甚至数学和英语都没及格,成了班级里的"后进生"。学校说,这样的成绩只能分流,根本没有升高中、上大学的希望,让家长考虑报考职高,胡先生才意识到问题的严重,并失声痛悔:"都怪当初,我们放任孩子不管啊!"

如果当初这位家长负起责任来,孩子就不会是今天的"后进生",可能已经是"优等生"了。由于家长对孩子放任不管,孩子丧失进取心，由此无拘无束，懒惰贪玩，无压力无责任感，成绩自然要下滑，荒废了基础知识的学习，以后就是醒悟了，再想撵上也很难了。

有些中等生家长，对孩子学习放任不管，是因为自己文化水平低，心想反正孩子的功课我也辅导不了，干脆不管了。**其实指导孩子学习不等于要给孩子讲题，过问孩子在学校学习的情况、看看孩子学习时认真不认真、培养孩子正确的学习目的和良好的学习习惯**，这些，即使是文化低、无文化的家长也都可以做的。

写到这儿，东子想起一天下午到学校参加家长会的事。

和以往的惯例一样：主抓教学的副校长、科任老师、班主任各讲了一通。末了，广播里传来了"另外"：还有一件事要和各位家长说一下，我们发现有些学生给老师留的家长电话是假号，根本无法与家长取得联系……

乍一听，我倒有几分欣喜，喜于学校的负责精神，为的是能及时和家长沟通，相互配合，共同培育好孩子。可沉下心来细想又有几分困惑：一是什么样的孩子给老师留的假电话？二是孩子为什么要这样做？三是家长为什么不主动把电话留给老师？

因为我的女儿不会做这样的事，所以我想知道留假电话的是些什么样的孩子，经过和家长、老师的沟通，得到了答案：这是一些学习劲头不足、成绩不理想、有些不良行为的"问题孩子"，就是俗称的"中等生"和"后进生"，因为怕老师向家长打"小报告"，所以出此下策。一般我们成年人（尤其是老师和家长）会认为，这些孩子真是没救了，在校不好好表

家有中等生

现，老师和家长沟通为他好，却被他掐断了路。

其实，如果我们能够换位思考一下，情况则大不相同。首先，没有哪个孩子天生就没有上进心，即使后来"上进"无望了，可他还有自尊心。由此说来，孩子的不上进很大程度是我们的育人者（老师和家长）教育不当造成的。我们扪心自问：对于我们的孩子，我们的耐心、细心够吗？我们真正去理解、尊重孩子了吗？我们的教育方法科学得当吗？

思量过后，答案自会揭晓。

在此，我也来个"另外"：班主任和科任老师讲完的时候，都在黑板上留下了自己的电话，几乎所有的家长都抄下了那个号码，而我却没有，因为开学第一天我就要了孩子老师的电话，同时也把我的电话留给了老师，而且我们已经有过一次联系。由此我推断，大多数家长都没有主动向老师索要电话号码，当然也就没有主动给老师留电话的意识。

那么，那些不主动把电话留给老师，却"认真"记下了老师电话的家长，会有几个能主动与老师沟通的呢？对孩子的教育观念和方法不改变，即使沟通又会有什么效果呢？

"假电话号"失灵了，这些被称作"问题孩子"的"中等生"和"后进生"，还会出什么招呢？可以肯定一点，他们不会就此"妥协"。

所以，我们的"甩手"父母们该好好想想了。

甩手型父母对孩子的行为与学习不感兴趣，也不关心，很少去管孩子。在这种家庭环境下成长起来的孩子，往往没有责任心，行为放纵，

一些不良的个性与态度会影响其成长和发展。

根据研究,行为越轨的孩子大多数与这类父母有关:父母对孩子缺乏感情、听任自由活动而不予指导和约束、家庭缺乏亲密性。实际上亲子间正常接触和交流,是缓解青少年恐惧、焦虑、不安的精神良药,能给孩子带来安全感、信赖感、温馨感,对孩子的心理健康发展、健全性格形成具有极其重要的作用。

●密切关注中等生的学习生活

中小学生正处在人生的十字路口,自我控制能力差,**家长应当经常认真了解他们的学习和生活情况,不能只看分数,更不能放任不管,任由他们自由自在。**孩子一旦养成了懒惰耍滑、我行我素、自由散漫的习性,发展下去不但考不上理想的学校,也很难适应未来社会。

中等生家长应当密切注视孩子的言行举止、喜怒哀乐,经常与班主任、科任老师沟通,积极参加家长会议,跟踪了解孩子的学习情况。有成绩、有进步,应当及时肯定表扬;学习退步了,要及时提醒。要帮助孩子纠正不良学习习惯并耐心讲透道理,使孩子懂得怎样做才是正确的。

● 再忙也要找时间多陪中等生

很多中等生家长为了鼓励孩子向优等生看齐,常常许以物质诱惑,考好了就大大奖赏。他们不断给孩子物质上的满足,却忽视精神、情感上的给予。其实,我们应该明白,孩子真正需要的并不是金钱,更多时候需要的是对自己的关注和亲情的付出。可是我们的一些家长,却经常忽略这一点。

无论多忙都应该陪陪孩子,和他们一起学习、游戏、聊天。亲情的交流是非常重要的,是什么东西都不能取代的。在孩子心中,父母才是最可亲近的人,所以家长要多陪陪孩子,分享孩子的快乐,分担他的忧愁。

粗暴打骂型家长

"望子成龙"是家长的共同心愿。与放任不管的家长相反的是,很多家长很关心孩子的学习,他们在孩子的学习上劲儿没少使,工夫没少下,可孩子的学习成绩仍然不理想。

有些家长在指导孩子学习时方法简单粗暴,只要发现孩子作业不理想或考得不好,他们开口就骂、举手就打。他们信奉的原则是"不打不成器",结果是孩子不但成绩没提高,反而开始厌学,惧怕学习。有些家长平时对孩子的学习不闻不问,但到期末就算总账。期末孩子分数考低了,就对孩子又打又训:"说!开学时我怎么跟你说的?你怎么这么没出息,考了这么点分?"家长还逼着孩子写检查,制定以后的学习计划,计划写得天花乱坠,可过后家长就忘了,继续忙工作,忙娱乐,等到考试时孩子的成绩又不理想了,于是又算账、又让孩子写检查……

脾气急躁的家长,对于孩子的教育缺乏耐心,只要一听说孩子成绩不理想,就非打即骂,居高临下地训斥孩子。结果孩子不是日渐懦弱就是产生逆反心理,和父母对着干,你越让我学,我越不学,结果是从中

第二章
反思：你是问题家长吗

等生迅速滑向"后进生"。下面是一位15岁的男孩给东子发来的"求救信"。

东子叔叔：

您好！您来我们学校作过演讲，我也看过您写的书，所以信任您，想博得您的同情，求您救救我——一个学习成绩不理想，对未来没有多少希望的中等生！

我出生在一个普通的工人家庭，父亲是三代单传，而我又是家中的独子，所以爷爷奶奶、父母对我寄予了又深又重的期望和爱。但父亲生性专制独断，脾气暴躁，并信奉"不打不成器"，因此对我的教育是"暴风骤雨"式的；而母亲则对父亲言听计从，父亲对我打骂时，母亲不但不劝阻，还在旁边絮叨、埋怨，一遍遍诉说我是如何的不争气，使他们的期望不能得以实现。在这样的管教方式下，我不但成绩没进步，反而一天天滑向"后进生"的边缘。

升入中学后我的学习成绩逐渐下降，父母对此大为不满，我挨骂挨打的次数更多了，为此我的性格也变得消沉和内向。在一次次因考试分数低而挨父亲巴掌之后，我学会了撒谎。每次考完试，父亲问起时不是说卷子没发，就是说老师还没有打出分数，或者干脆将分数涂改一下。在这期间，我曾几次逃学，早晨背着书包，装着去上学，出了家门则跑到网吧、录像厅、游戏厅里一混就是一天，到了放学时间，我会没事似的回家……

您一定认为我是一个坏孩子，其实我也不想这样，我也想

家有中等生

成为一个让人羡慕的好学生,可我看不到希望……

我女儿(范姜国一)依依刚上初中的时候,英语考了个全班倒数第一,我没有抱怨也没有批评指责,而是通过鼓励,使孩子由"差等"到"中等"直至"上等"。她在《范姜国一的快乐初中》中这样写道:

刚到大连升入初中时,学校就组织了一次摸底考试。

一听说考试,我心里就有些紧张。因为第一,刚刚从烟台来大连,一切都不熟悉,也不知道自己的学习状况在这里究竟处于怎样的水平;第二,在烟台学习的课本和这里不是一个版本,烟台是五四制,这里是六三制,不知道知识衔接上是不是存在问题;第三,我一年没有上学了,整个小学阶段也没真正参加过几次考试……

想到这些,我不知道自己能考个什么样子。学校要"摸底",可我心里实在没底……

忐忑不安地进了考场,稀里糊涂答完了所有的考卷。走出考场,内心很是沮丧。语文、数学答得马马虎虎,还算将就。可怜的英语,好多题目连读都读不懂,因为很多单词没学过,所以大部分题目都是蒙上去的。我知道,英语肯定考不好了。

虽然有心理准备,可结果还是让我大吃一惊。因为英语考得不是一般的不好,而且是"相当"不好,我英语只考了23分——全班倒数第一!

"23分怎么啦,那不代表什么啊!"爸爸一如往常一样的平静。我瞪大眼睛看着他,他怎么不生气?怎么不训我?以前考过47分，他鼓励我，现在只考了23分，他还不批评我？

爸爸看出了我的心思，笑着对我说："是的，爸爸不批评你，为什么要批评你呢？考23分也不是你愿意的，对吧？再说了，考23分是有很多原因的，而且这只能代表过去，不能说明将来。从现在开始努力，你会很快追上去的，爸爸相信你有这个能力！"爸爸拍拍我的肩膀，用信任的眼神看着我。

心里一下子感到很温暖，我用力点点头，不好意思地笑了。

此后，我很用心地学习英语。爸爸还为我请了英语家庭教师，并不断鼓励我要对自己有信心。很快，我的英语成绩就有了起色，期中考试我的英语成绩是120分，期末考试则考了133分。我的英语名次分别位于全班（共53人）第23名和第15名。

嘿嘿，怎么样，我进步还不小吧？当然了，这很大程度上要归功于老爸的"赏识教育"啊！

● 教育中等生要严而有格

对孩子的学习加以关注，对孩子的全面发展严格要求，这是使孩子成人成才的保证。没有严格的要求，孩子在成长过程中出现的问题得不到纠正，缺点得不到克服，孩子极易朝父母所期望的相反的方向发展。但是，严格要求一定要严而有格，并不是一味的打骂责罚，棍棒教育只会使孩子觉得无情冷漠，甚至对父母、对社会充满敌意，反而起负作用。

对有的孩子来说，打能起点儿作用，但那只是暂时的，对多数孩子来说，打的负作用太大了。如果打就能把孩子的学习成绩提高了，那我们就不用研究教育方法了，老师也不用备课了，一人发一根棍子，挨着个儿去打，全都考100分了，全都成才了，那多省事。

● 教育中等生要有章法

严格要求的前提是教育，对孩子应当坚持教育在先，通过教育逐步让孩子了解到哪些行为是错的。比如孩子考试成绩不好，不敢如实告诉我们，或者改分数、或者谎称老师没有打分数，这是不诚实的表现，应当受到批评。但是如果在孩子偶然为之时，家长没有在这方面对孩子讲清道理，那就不能只怪孩子，而且孩子撒谎的原因是害怕父母的责罚，这也从侧面反映出家长的教育方法存在问题。

教育孩子要有章法，平时要对孩子的行为提出要求，制订规定，然后按照这些要求、规定去规范孩子的言行，指导教育孩子的成长。如果只是凭着自己脑子中的是非观念或情绪好恶来教育孩子，随意打骂、责罚孩子，只能使孩子无所适从，一次犯错受到惩罚后，仍不知下次该如何避免犯同类错误，而且他还会对你的惩罚产生抵触情绪。

有些家长总是给孩子订太高的指标，并且总爱以威胁恐吓来教育孩子好好学习。其实，我们还是应该多启发，多引导，多鼓励，更主要的是多关心，多给予具体帮助，而不应威胁、恐吓。

虚荣攀比型家长

近年来,关于"小神童"、"小天才"的报道屡见报端,引起了很多做父母的关注。一些人不禁感慨:为什么我的孩子就不是天才?

拿自己孩子的短处与别的孩子的长处比,是很多中国家长共同的"爱好"。或许家长这样做的目的,只是单纯地想让自己的孩子向别人学习来取长补短,但是在家长的不知不觉中,已经伤了孩子的自尊心。

曾有一位读初中的女孩来信对我说,自己学习中等,虽然妈妈从不为此骂她,但总是拿邻居家的孩子和自己比,说谁谁比她聪明,谁谁比她学习好,然后摇着头对她说:你什么时候才能有出息,让妈妈也为你感到骄傲?听着妈妈的话,她心里很不是滋味,有时妈妈的话语就像针一样刺痛她,她为此很伤心,她也不想让妈妈失望,自己已经尽力了,可妈妈就是不理解。

数学单元考试的试卷发下来了,刚上初二的婷婷一脸喜悦地回到家里,一踏进房门就兴高采烈地对妈妈说:"昨天我们班数学单元考试,今天试卷就发下来了,您猜我考了多少分?"

"猜不出来,你到底考了多少分?"妈妈问。

"82分,比上次单元考试的成绩高出10分呢!"婷婷有几分得意地说。

"哦,你知道邻居家的杨扬考了多少分吗?"妈妈又问。

"大概是90分吧。"婷婷满脸不高兴地回答。

家有中等生

妈妈似乎并没有察觉到孩子脸色的变化,接着说道:"怎么又比她考得差呢?排名还在中等吧,老在中游晃怎么行,你还得努力追赶人家才行啊!"

"您凭什么说我没有努力呢?这次考试成绩比上次提高了10分,老师都表扬我进步了,而您总是不满意,永远不满意!"婷婷生气了,她提高嗓门冲着妈妈大声地喊起来。

"你怎么这样不懂事,我这样说也是为了你好。你看人家杨扬,每次都考得那么好,哪像你总是考不出高分,也不知道争气。"妈妈喋喋不休地说。

"我怎么不争气啦?您嫌我丢您的脸是不是?人家杨扬好,那就让她做您的女儿好啦,省得您总是唠叨。"婷婷怒气冲冲地走进自己的房间,"砰"的一声把门关上了。"就知道分数、分数,您关心过我吗?您知道我内心的感受吗?我都烦死您啦!"就这样,母女间一场隔着门的争吵又开始了。

张芳和林女士是同事,林女士的女儿乔乔,与张芳念初二的女儿菲菲是同班同学。因为两个孩子从小一起长大,所以两位家长经常暗里"攀比女儿"。

6月底,学校举行期末考试,结果乔乔考了年级第三,菲菲却成绩平平。林女士颇为得意,一有机会就在单位大肆炫耀女儿的成绩。对此,张芳感到心里极不平衡,整天对女儿吊着脸,说女儿给自己丢人了,还趁着放假给菲菲报了英语、数学、物理补习班,督促女儿提前学习初三的课程,其间她不断告诫女儿:"菲菲,你必须不要命地学习,一定要超过她们家

第二章
反思：你是问题家长吗

的乔乔，否则我就不认你做我的女儿了。"谁知乔乔正好也报了暑假补习班，而且在最近的几次随堂考试中，乔乔总是名列前茅，成了老师一贯表扬的对象。这下乔乔的母亲林女士更牛了："我家乔乔学得特轻松，菲菲是不是有点吃力？我认识个家教很不错，要不要给你介绍一下……"

张芳气得浑身发抖，只好回家拿菲菲出气。当日，林女士又在张芳面前夸女儿，结果张芳回家后，又将菲菲劈头盖脸骂了一顿。之后她还不许菲菲吃晚饭，把她关在小卧室里"闭门思过"。过了许久，张芳无意中推开菲菲的房门，结果看见女儿泪流满面的，正在用刀片划手臂，嘴里还喃喃自语："我没用，我没用……"

我女儿依依有一个初中同学，小姑娘聪明懂事，据说，在小学时这孩子学习成绩不错，还当了少先队中队长。可上了初中后成绩就一直处于中等，尽管自己也很努力，可名次就是上不到班级前10名。这个女孩自然也像大多数中等生一样，在学校不是老师重点培养关注的对象，在家里父母也经常抱怨指责。尤其是她妈妈总拿她和成绩比她好的孩子比，其中也包括我的女儿，因为她俩经常在一起玩，一起上学放学。

一次家长会后，我们同路回家时，她妈妈就不停地唠叨：你看人家范姜国一，比你小两三岁，学习比你好多了，你这么大了也没个出息……直到我制止了她，她才停了下来。听我女儿讲，她的这个同学后来学习更退步了，她妈妈也许对孩子失望了，因为后来的家长会，那孩子的座位上一直空着。

家有中等生

由于这孩子得不到关爱和肯定,在初三第一学期开学后不久,就辍学到社会上闲逛。眼看女儿要学坏了,他的父母着急的找到我,让我帮他们想想办法。我委婉地批评了他们的不负责任,并为他们开出一服"药":尊重孩子、关爱孩子、赏识孩子。后来经过我的调解与沟通,那个小姑娘复学了,而且学习劲头也高了,现在正努力学习准备考高中。

现在的家长对自己的孩子期望值过高是普遍现象,他们期望孩子有天赋、聪明、学习好,什么都比别人强。自己没有进名牌大学,却希望孩子将来是清华、北大毕业。他们送孩子去学奥数、学作文、学英语并施加压力,使之不落后于其他孩子。他们总是希望将自己的孩子培养成一个天才,所以他们拼命地让孩子上各种各样的辅导班,恨不得让孩子一下子学会所有的知识。然而,大多数家长是失望的,因为他们的孩子既不是什么天才,也不是通往天才之路的"优等生",而是学习一般、普普通通的中等生。

家长期望值过高,过度重视孩子的考试成绩,拿自家孩子同别的孩子进行攀比,其实很大程度上是源于自己的虚荣心。为什么总拿比自己孩子学习好的孩子比呢?如果回过头来和那些学习成绩不如自己的孩子比,你的孩子不是也很不错吗?所以,相互比较不是不可以,但一定要客观,要让孩子看到希望,而不是毁掉孩子。

强烈的自尊和上进心是中等生进步的火种,家长和老师的一点点打击和漠视都会扑灭它,会在中等生幼小的心灵上留下阴影。他可能会认为,自己怎样努力也不会得到家长和老师的认可,从而自暴自弃。

每个孩子身上都蕴藏着不可估量的潜能,中等生也如此。育人者的职责,就是要引导孩子发挥潜能。一切成功的教育都应该建立在对受教育者人格的尊重上。人的精神生命中最本质的需要就是渴望得到赏识、尊重、激励。因此,家长要善于抓住契机,充分肯定中等生的点滴进步,使之从中获得成功的喜悦,感受到自身的价值,这样,中等生就会从心灵深处产生积极改变的动力。

我的一个当医生的朋友,她儿子在校学习时,就是一个典型的中等生,从小学到中学从未考进前10名,当然也没有落到后10名里。但是这孩子自小喜欢摆弄电脑,朋友和我的教育理念一样,让孩子尽情地去玩耍。虽然让孩子玩,不太注重孩子的学习成绩,但是也希望孩子能考个好大学,将来有个好工作。可中考成绩下来,朋友傻了眼——儿子上高中无望。于是,和孩子研究后,最终根据成绩和兴趣,为他选了一所中专的计算机专业。

现在,朋友不满20岁的儿子,已经是一家报纸网络版的网络管理员,是月薪数千元的现代白领。这个孩子的成功说明了什么呢?说明家长对孩子的期望值越高,孩子的压力越大,越不利于他的健康成长;相反,我们如果能以对待普通人的心态去培养自己的孩子,反而容易将孩子培养成才。

● 不要把中等生比来比去

家长们应当尊重孩子,与之多沟通。过度重视孩子的分数,常常会导致孩子压力过大、厌学，虚荣的攀比会毁掉孩子的自信，并最终葬送孩子的前程。

不要总把孩子比来比去，孩子有自己的思想，有自己的认识，最重要的是孩子也应得到别人的理解和尊重。每一个人都有自己的成长过程，孩子的心理成熟显现出很大的个体差异。如果孩子经常处于被轻视、被当众贬低或受指责的地位，会使孩子产生自卑、对自己缺乏信心、胆小、畏缩的毛病。

作为家长要学会乐观看待事物，摇头叹息并不能激励孩子，也不能感动正在努力向上的孩子，然而乐观态度加上合乎实际的目标，却能产生一种美妙的组合，变成一种强大的动力。孩子喜欢不把自己同别人进行比较的家长，在具有乐观心态的家长带领下，孩子才会努力拼搏，天天向上。

◎ 用平常心去培养中等生

要让孩子健康快乐地成长，家长首先要有平和的心态，降低期望值，给孩子减压，根据实际情况和孩子一起制定合适的奋斗目标。这个目标一定要是看得见、摸得着的。比如一个班有 50 个孩子，你的孩子学习成绩位居第 30 名，你帮助孩子制定的目标如果是下次考试位居第 25 名或 20 名就相对合理，就是说让孩子蹲一蹲或跳一跳就可以够得着。而如果你非得要求孩子考进前 10 名或前 5 名，那就是期望过高，让孩子感到即使怎么努力也无法完成这个目标，为此孩子可能放弃努力，最后连第 30 名也保不住了。

同时，家长也要学习一些教育学、心理学知识，掌握一些孩子身心成长发展的规律和教育技巧，提高自身的素质和修养。针对出现的问题，要给孩子指出今后努力的方向，用孩子乐于接受的方式去循循善诱，促使他爱学、会学，养成良好的学习习惯，同时家长也要注意激发孩子的创造力，培养孩子的生活能力，引导孩子不但学会求知，更要学会做人。

冷嘲热讽型家长

孩子的成绩牵动着家长的心，成了大多数家长最关切的头等大事，这本来也是无可厚非的事情。但是，当孩子成绩下滑的时候，家长应该怎样处理呢？这本来是帮助孩子重建自信的大好时机，可是很多家长却对孩子冷嘲热讽，而不是帮助他们找出学习成绩下降的原因，最终使孩子丧失了学习的信心。有些家长望子成龙心切，急了的时候怎么解气怎么说："怎么考这么点分，真笨！""你还有脸活着！"这种用讽刺、挖苦、训斥来对待孩子的方式也是错误的。

刘阳在上小学时，学习成绩在班里一直名列前茅，爸爸妈妈很为自己的女儿骄傲。可是，进入初中以后，情况却发生了变化。第一个学期的期末考试，刘阳的学习成绩一下子在班里排在了 10 名开外，这对一向感觉自己学习良好的她是一个不小的打击，父母的态度也开始暴躁起来。

刘阳决心努力学习，下次考试要挤进班里的前几名。然而，第二学期的考试成绩依然不理想，仍然在中上游徘徊。她

家有中等生

有些失望了，不晓得自己成绩下降的原因是因为能力低，还是因为压力大，太紧张，导致学习方法不对头。而这时爸爸妈妈脸色更加难看起来，对她横加斥责，骂她不争气，笨蛋一个，给家人丢脸。甚至有时候家里来了客人，爸爸也会对客人说："我们这孩子太不争气，脑袋瓜太笨，将来肯定不会有什么出息。"说得刘阳低头不语，心里很不是滋味儿。慢慢地她开始变得沉默寡言，自卑起来，对自己的学习丧失了信心……

万涛是一个初一的学生，他的学习成绩一直不太理想，班级50多名学生，他能排到30名。父母也曾为他请过大学生家教，也曾送他去补课班学习，但成绩还是原地踏步。一次期末考试后的家长会上，老师表扬了一些学习有进步的同学，其中就有万涛。因为万涛的成绩从上次考试的30名上升到了24名。同时，家长会上老师还给进步的同学发了"奋进奖"奖品——一个笔记本。

家长会后，万涛问妈妈奖品在哪里，因为老师说过要给进步的同学发奖品。可妈妈却说："一个破本有什么了不起，不还是排20多名吗？还美其名曰什么'奋进奖'？在那么多家长面前丢死人了，让我扔了。"听了妈妈的话，万涛的心一下子沉到了"井"底！

一些中等生家长认为孩子反正没多大发展，就习惯性地冷嘲热讽刺激孩子，甚至孩子学习上有了一些进步，在学校里得到了老师的表扬，回家向家长述说时，家长还爱理不理，甚至嗤之以鼻。

有的家长经常骂孩子"笨蛋"、"啥也不是"、"你这一辈子就这样了"……对孩子说这样的话，孩子会记在心里的。以后孩子在学习上、生活上遇到困难的时候，他就会想起这句话，从而怀疑自己，就有了"破罐子破摔"的想法。

孩子如果对你的讽刺、挖苦提出抗议，"你说我笨，我怎么笨了，我不笨！"这孩子还不错，说明他还有自尊心。如果你整天讽刺，孩子没反应了，那就坏了，"你说我笨，我就笨，你说我蠢，我就蠢，爱咋咋地。"他如果破罐子破摔，那不更难教育了吗？

如果孩子接受了家长的讽刺、挖苦，心想"我爸我妈总骂我笨，我是够笨的"，那危害更大，因为这是对他们自尊心的伤害，这种内伤更难医治，表面上看他们对讽刺、挖苦无动于衷，可他们有苦往肚子里咽，心理负担很重，甚至形成心理疾病。"哀莫大于心死"、"病莫大于心病"，我们在教育孩子的时候，切忌用讽刺、挖苦的语言。

法国有句谚语：自以为鼠辈的人定被他人轻视、欺侮。这从一个侧面反映了"心理暗示"给人带来的影响。当孩子成绩不理想，对自己失去信心，怀疑自己能力的时候，如果父母和老师能常常给予积极的暗示，孩子的自信心就会增强，反之就会更加自卑。家长和老师积极、正面的期待，会使孩子感受到被关爱和被支持，从而使孩子充满自信，生气蓬勃。如果孩子平时听到的是鼓励和表扬，即使你不在身边，他也会想起大人的话，并以此来激励自己，不断地去克服困难。所以，**在日常生活中，我们应多给孩子积极的心理暗示，无论是一句肯定的言语，还是在关键时刻的支持，孩子都会感受到来自心底的力量。经常这样做，孩子会越来越出色。**

家有中等生

◉ 小心呵护中等生的自尊心

孩子的自卑大多来自成人的打击，得不到父母应有的尊重会使孩子感到绝望。现在的家长和老师对孩子的批评太多，尤其是中等生常常感到自己一无是处，没有前途。有的父母批评孩子说话很"绝"，如："你长大了肯定没出息！""你让我失望极了！"这些一时生气说出的话，孩子听了可是当真的，他们会感到自己真的没希望了，自卑便会产生。

一个人如果丧失了自尊心，就像丧失了弹性的弹簧，失去了存在的意义。一个孩子变坏，往往是从破罐子破摔、不顾廉耻开始的。所以家长和老师要十分小心、细致地对待和处理孩子的学习问题和心理问题，不仅不要伤害孩子的自尊心，还要想方设法维护他们的自尊心。

比如，当家长了解到孩子的考试成绩不理想时，千万不要到处向亲戚邻居宣扬，也不要对孩子讽刺挖苦；当老师发现学生的作业没有做完，而说谎说忘在家里时，绝不能当着全班学生的面揭穿他，更不能用恶毒的语言伤害他，可以给他一个补救的机会，如："下午带来好吗？老师相信你是个听话的学生，一定能按时完成作业。"如果大声斥责，他非但不听，反而会变本加厉。

当用客观、全面的眼光审视中等生时，你就会发现每个中等生都有许多被忽略的优点，即便没有什么优点，我们也应该尊重每一个生命，更何况是我们自己的孩子。

◉ 善于发现中等生的闪光点

教育就是挖掘潜能。每个人都有显现的或者潜在的不同于他人的优点，发现并培养这些优点，才是增强孩子自信的关键。教育不是要把孩子都培养成像筷子一样齐，而是要把每一个孩子的不同潜能都充分激发出来，这才是成功的教育。

中等生往往既自尊又自卑，既渴望得到家长和老师的表扬，同时也耿耿于家长和老师的批评。中等生的"闪光点"相对较少，即便有也常被忽略，或看不见，或不予理睬。因此，家长要善于对他们"竖起大拇指"，要善于对孩子说"你真棒"，想办法让孩子每天都生活在"我很棒"的感觉中。

家长要有意识地发现并扩大孩子的"亮点"，淡化他的"暗点"。在每天的学习生活中，要想方设法去找到孩子的一两处"闪光"的地方，加以表扬和鼓励。这些好的行为可能是学习上的也可能是生活上的，即使是一瞬间发生的，也要发现并及时给予表扬。

中等生渴望阳光，需要关注。如果我们多为他们"竖起大拇指"，肯给他们一点阳光，他们一定会光鲜灿烂；如果我们能给他们提供一个舞台，他们同样能给我们带来意外的惊喜；如果我们能给他们一支笔，相信他们同样能够谱写出动人的旋律和优美的乐章。

第三章

放心去飞：中等变优等的五个起点

创造健康快乐的家庭环境

家庭环境对一个人的成长起着不可忽视的甚至是决定性的作用，健康快乐的家庭环境是孩子身心健康成长的基础。一个人良好的学习及生活习惯的形成、完整的人格塑造，都离不开良好的家庭环境的熏陶。对每一个孩子，特别是处于对环境比较敏感，一不小心就有可能滑向"后进生"行列的中等生来说，家庭环境的好坏更直接影响着他们的成长和成才。

那么什么样的家庭才是健康的家庭呢？其实，在我们身边有很多，比如夫妻互敬互爱、尊老爱幼，家长爱岗敬业、不断学习，拥有科学、健康、文明的生活方式，注重家庭成员间的心灵沟通，遇到矛盾在互相交流中寻求解决，家庭氛围和谐美满……

研究表明：在民主、和睦、快乐的家庭环境中成长起来的孩子，往往表现出情绪稳定、情感丰富、性格开朗、上进、有自信心等特征。因为这样的家庭能给孩子以安全感，使其置身于家中感到温暖、幸福、愉快；其次是满足了孩子的归属感，在家庭中孩子能感到被爱、被尊重，也学习到如何爱他人，如何尊敬他人，从而增强了自尊和自信，学习成绩也不会落后。

要想给孩子一个美好的未来，就必须先给孩子一个健康快乐的家。

琪琪在初中三年级上学期的期末考试中成绩不太理想，再过几个月就要中考了，学校召开了家长会。会上班主任老师介

家有中等生

绍了每位同学的考试成绩和年级排名，琪琪的成绩位居中等，老师说，琪琪最近学习有退步，课堂上精力不集中，让家长了解一下情况，并说如果抓紧了，努努力琪琪就能考入重点中学——市一中。

琪琪妈妈心急火燎地赶回家，一进屋，就把琪琪叫到眼前，暴风骤雨般地训斥了琪琪一通。谁知妈妈的一番说教，不但没有使琪琪反思自己存在的问题，琪琪还冲妈妈发起火来："我学习退步都怨你！一天到晚就知道招一帮人在家里打麻将，我写作业都没个安静的地方，晚上10点多了你那帮'麻友'还不走，非要打完8圈不可，害得我睡不好觉，早晨起不来床，困得都没心思听课。你还有资格要求我这、要求我那？你想过我的感受吗？你们做家长的就知道训斥孩子，从不反思自己的行为……"听了琪琪的话，妈妈张大嘴巴惊讶地坐在那里，一句话也说不出来。

一个14岁的男孩给东子的邮箱里发了一封信，他是这样形容自己的家庭环境的：

我妈妈自从学会了上网，就把网络看成了自己的维生素——每天必需。下了班就打开电脑——QQ农场、斗地主、打麻将、聊天样样在行，甚至半夜里算计好时间起来"偷菜"，根本没时间管我学习的事。我进步了，没有掌声；退步了，也没有关注，除了要钱的时候是有求必应，其他免谈。

爸爸忙应酬经常不回家吃晚饭，每当这时妈妈就不做饭，塞给我点钱打发我去外面自己解决,自己说减肥不吃了。家里永远是脏乱差。为上网的事爸爸没少跟妈妈吵架,甚至闹到要离婚的地步,可妈妈就是不改,这让我头疼。我最近根本无心学习,成绩从班级原来的十几名已经落到了二十几名。

已经是初三学生的李朋即将面临中考。如果他的努力力度加大,他就有可能考上一所市级重点高中;如果稍加放松,他就可能进普高,那样,将来他考上重点大学的可能就很渺茫,为此家长和老师都在鼓励他加油。

在寒假学校组织的初三毕业班补课时,一天下午李朋没上课,而是跟一帮同学去打篮球了。老师把这件事情及时通知了家长。在接到老师的电话时,李朋的父母内心肯定是很着急生气的,但他们没有直接指责儿子,而是耐心等待,希望李朋能自己把这件事告诉父母。

一直到第二天晚上,李朋终于把自己上课出去打球的事,告诉了父母并意识到自己错了。李朋的父母首先对李朋勇于承认错误的诚实表示了赞赏,同时也与他分析了这件事本身的错误所在,并且告诉他做错事有勇气面对并加以改正就是好孩子,以后会更加信任他。

这个例子给了我们家长和老师一个启示:发现孩子有错误,如果当时指责孩子,孩子以后做错事肯定不愿告诉家长和老师,而家长和老师也会认为孩子不诚实并且毫无悔意,会更加生气,必将造成双方的隔阂，导致孩子不愿与家长和老师交流甚至产生抵触情绪。

　　建立民主的家庭氛围，允许孩子有自己的意见、见解，给孩子正面的期许，父母做得不对时要向孩子真诚道歉，平等的关系有利于父母与孩子的沟通与交流。

●家长要以身作则勤奋上进

　　一个缺乏理想、抱负，没有责任心、进取心的家长，是不会给子女起到好的楷模作用的。

　　每个做家长的都应该明白，当我们教育孩子应该如何时，应该注意到我们自己是否正在身体力行地实践着这些道理。孩子也在察言观色，他们会从家长身上学习生活。有的时候，孩子做作业累了，抬起头来看到我们在玩牌、在喝酒、在网聊，他的学习意志也会减弱；如果他看到的是父母仍在忙于工作上的事情、忙于学习提高、忙于劳作，孩子也会珍惜自己的学习时间。

　　要教育孩子养成良好的学习习惯，家长就应该先管好自己，以自己好的行为去影响孩子。对于一些家长来说，不要以为家也有了，工作也有了，就可以松口气了，就不用再努力了。吊儿郎当、不求上进的家长，会无形中成为孩子的"榜样"。作为家长要树立终身学习的观念，这既是时代发展的要求，也是教育孩子之必须。父母的学习与求知，必然在孩子心目中打下深深的烙印。耳濡目染，长时熏习，孩子一定会慢慢养成良好的学习习惯，成绩也会有所提高。

●营造和睦快乐的亲子氛围

父母之间的和谐，是家庭稳定、温馨的基础，也是孩子心理稳定和健康的保障。家长之间感情不和，言行冲突，直接影响到孩子的情绪波动，使之产生心理上的不良反应。如果因为父母之间关系紧张造成了不正常的家庭氛围，那么最大的受害者就是孩子。父母心情舒畅，情绪愉快，可以给家庭创造一个祥和欢乐的氛围。在这种氛围下，孩子会感到亲切愉快，乐于完成父母所交给的任务，学习也会更加专注。相反，如果父母情绪波动较大，甚至将自己在工作中不顺心的事和不满的情绪带回家中，把孩子当做发泄对象，就会使孩子经常处于一种紧张、恐惧和戒备状态，不仅会影响孩子的身心健康，也会影响孩子的学习情绪，导致学习成绩的下降。

但是有很多父母对此不以为然，他们认为吵架拌嘴都是家庭寻常事。所以两口子吵架拌嘴不注意让孩子回避，闹得厉害了还会大打出手，常常引起孩子的惊惧。孩子长期在紧张压抑的家庭环境中生活，心理负担加重，时刻担心家庭会有变故，学习怎么会好呢？

多一点沟通多一分理解

能理解别人的人是高尚的，被人理解的人是幸福的。而能够得到来自家长和老师的理解，孩子会更加快乐。

可当下我们做家长的却常常习惯于用"优等"、"中等"、"差等"

家有中等生

来区分学习成绩,使孩子常常因为成为"中等"或"差等"而受到漠视或责怪。如果孩子学习成绩不理想,总免不了被家长说成不用功或者笨,说他们将来考不上重点中学就没有前途。

其实,家长这种不科学的教育思想,不仅是不理解孩子,而且是在伤害孩子。

一位中等生在他的博客中写道:每一个人都有自己的烦恼,我的烦恼跟很多人的一样,都是学习上的烦恼。小学时,我的学习成绩比较优秀,可不知道为什么,一升到初中,我的学习成绩就落下了一大截,摔了个大跟头。我平时上课都认真听讲,课后也认真完成作业,可不知道为什么,学习成绩总是上不去,苦恼啊!

面对自己这样的成绩,我心里真不是滋味。我努力探索各种适合自己的学习方法,可最后都没什么效果。有一天,我听见爸爸妈妈谈论到我的事。爸爸说:"这孩子没什么大出息,干脆初中毕业就别让他念了,继续念也是浪费时间和钱财,让他跟他叔叔去卖货吧!"妈妈叹了口气说:"邻居家的明明学习多好,我真羡慕每次考完试后他妈妈见到我时的表情,我儿子为什么就不行呢?"听了爸爸妈妈的话,我的心很沉很沉。我下定决心努力学习,不让爸爸妈妈太失望。

期末考试,我的成绩和以前没有太大区别,依然是已渐熟悉的名次和那几个数字组合分数。我忐忑不安地把卷子和家长会通知拿回家,心里承受着打击和失落。我真的想考出好成绩来安慰父母,让他们看到我的优点和长处,让他们来理解我,对我有信心，可我尽力了……

女儿依依的快乐成长，很大程度上得益于我们的有效沟通，无论在学习上还是在生活上，孩子遇到什么问题了，总是要向我这个当过心理医生的老爸倾诉一番，我自然是一番安慰和鼓励，当然前提是在给予孩子充分理解的情况下。

依依在她的《玩过小学》里有一篇《英语考了47》，文中写道：

我在小学第一次跳级后不久，就迎来了期中考试。这可是我跳级后的第一次考试，是检阅我跳级后真实水平的时候了，我下决心考出好成绩给新班级的老师和同学看看。爸爸一再说，别把考试当回事，"你和其他同学不一样，你比他们少学一年呢，即便考最后一名，也是正常的"。但我相信不会太差。

谁知，过了两天，卷子发下来，英语卷子上那个大大的"47"显得异常刺眼，我有些不敢相信我的眼睛：怎么会只有47分？我的第一反应是老师发错卷子了。可是细看没错，卷子的确是我的。这可是我学习英语以来，考得最低的分数了。

放学了，在回家的路上，我一直在想回家后如何向爸爸妈妈"交代"，提心吊胆地按响了门铃，见到开门的妈妈，我哇的一声扑到她的怀里大哭起来。还没等妈妈反应过来，爸爸急忙过来问："依依，怎么了？告诉爸爸。""我的英语只考了47分……""哦，47分已经不错了。"没想到爸爸很平静地说，一点也没有我在路上想象的失望、指责的表情。

我有些不相信地从妈妈怀里抬起头看着爸爸："我只考了

家有中等生

47分！"我想爸爸一定听错了，所以又重复了一遍，把那个"47"说得很重。爸爸笑了，拉着我进了屋，边走边说："你想啊，和你一样大的孩子现在才上一年级，可你已经上了三年级，就是不跳级，你现在也比他们高一级，你多了不起呀！如果让你原来同年级的同学，或和你一样大的孩子来答这份卷子，他们谁也答不到47分。况且，爸爸不是已经说了，你刚刚跳级，原来学的课本和现在的又不配套，这样的成绩已经很不错了。所以，不要伤心，更不能失望。好好努力，过一段时间，等你适应了跳级后的学习，相信你的英语成绩一定会和从前一样棒的。"

在爸爸的劝慰鼓励下，我终于破涕为笑了。后来，经过两个月的努力，期末考试中，我的英语卷子上终于有了可喜的变化："97"替代了"47"。

事实证明，越是这个时候，越要理解孩子，给孩子安慰和鼓励。看看女儿回家前的提心吊胆，就知道家长的理解和安慰，在这个时候对孩子来说有多重要。家长的几句话就驱散了孩子心头的阴云，建立起了自信。所以，我们要经常换位思考，去理解我们的孩子，这样孩子才能拥有自信，更加快乐。

◎ 沟通是理解的桥梁

家长同中等生的沟通，实际是两个生命的交流，更是两个时代的碰撞。应该说，碰撞所产生的内容是无限丰富的，它所达到的高度也是没有止境的。每一位家长在和孩子沟通时，不要满足于初见成效，而应该学习教育的艺术，不断提高沟通的层次，使亲子关系达到更高的境界，使中等生有积极的心态、正确的人生观和价值观，去面对人生道路上的风风雨雨。

●有信心更要有耐心

"耐心"在汉语词典里的解释是：心里不急躁。可现在的大多数家长是"爱心过剩，耐心不足"，这种心态对孩子的成长极其不利。面对孩子，面对一个个美好无邪的心灵，面对既懂事又不懂事的中等生，我们必须要有一定的耐心。

为什么对中等生要有耐心呢？想想看，这些孩子成绩一般，总是不起眼，就算有时冒出一点闪光点，往往很快又泯然于众人。对于总是不上不下的学习成绩，老师忙，家长急。而好的学习习惯的养成和成绩的提高，都不是一朝一夕的事，需要一个过程。所以，家长一定要有耐心，要对孩子的改变有信心，不能急于求成。

我们可以为孩子制定一个切实可行的目标，比如本次考试得了80分，下次要超过80分，争取达到85分，再下次还要超过上次达到的分数，直至通过一年两年甚至更长的时间，达到或接近满分。任何目标都不是一蹴而就的，成功必须要经年累月地努力。

所以，**家长不要为眼下的不如意而埋怨孩子。一天的努力可能不会有明显的进步，但是时间一长，孩子的勤奋就一定会有成效**。但前提是，大家都要有耐心，要保护孩子在学习上的积极性，关注他们身上的闪光点，而不是一味地放任不管或怨天尤人。

家有中等生

帮助中等生寻找自信的支点

生活中,一些中等生孩子很不自信。自信心不足的孩子往往在内心里有很深的"消极自我"情结,他们习惯于对自己说"我不行"。有的孩子在学习上认为自己天生比别人差,考试成绩总不好,再怎么努力也不行;有的孩子在文体活动上认为自己很差很差,别人一首歌很快就学会了,自己却五音不全老是跑调,别人立定跳远成绩都很好,自己却天生肥胖不是块运动的料。

李华是沈阳市一所小学五年级学生的家长,她苦恼于自己的女儿婷婷一直是个学习中等、自信心不足的孩子,什么事还未开始做就觉得不行,就退缩,有时甚至做到一半了还没信心完成,还打退堂鼓。这让李华夫妇大伤脑筋。

婷婷一直希望自己能拥有一部MP4,妈妈便对她说:"如果期末考试语文、数学都考到90分,我一定给你买。"婷婷很是爽快地答应了。李华暗自窃喜:"女儿总算有点上进心了!"没想到第二天中午放学回来婷婷灰着脸,对妈妈说:"妈妈,我好像考不到那么多分,如果我数学考90分,语文考80分你还给我买MP4吗?"为了增强女儿的信心,李华同意了她降低的条件,没想到婷婷又补了一句:"如果这次没考到,下次考到了,你还说话算数吗?"

听了婷婷的"条件",李华不由得沉下了脸,说道:"仗还未打,你就已经认输,哪还有赢的可能呢?"女儿信心不足,让李华夫妇无可奈何,没有上进心、学习上不去更让他们束手无策,他们不止一次忧心忡忡地跟婷婷的老师谈起女儿的情况,寻求解决的办法。

为了增加孩子的自信,家长必须帮助孩子建立起积极的自我,引导孩子正确地认识和评价自己,想办法使孩子能够相信自己的能力。比如经常找找孩子的过人之处,充分发挥孩子身上的这些闪光点并使其更加耀人,使孩子感觉到自己原来并不是想象中的那么差。当孩子遇事感到信心不足时,提示他用积极的语言来暗示自己,"别人行,我也能行","我再努力一次就会做好的"。对于孩子在日常生活和学习上出现的进步,哪怕是微小的进步,也要给予及时的肯定和表扬,这样就可以使得孩子经常保持一种愉悦情绪,不断地奋发向上。我们要善于创造机会,让中等生正确地认识自己、赏识自己,寻找前进的驱动力。给他们搭一个舞台,挖掘出自己的闪光点,帮他们树立起自信。

"自信"来自"他信",很大程度上来自他人的赏识,而父母的认可比其他的赏识更为重要。"鼓励犹如阳光",获得家长的鼓励和肯定是孩子的心理需要,这种需要一旦满足,便会成为一种积极向上的原动力,多种潜能和特长便会激发出来。家长要做有心人,要学会对孩子进行观察、鼓励甚至赞誉,手持爱心的钥匙,去打开孩子的心灵之门,像伯乐发现千里马那样去欣赏孩子。那样,你的"中等生"孩子也一定会严格要求自己,扬起理想的风帆,用自己的强项去赢得自己的未来。

曾看过这样一个关于自信的故事:

家有中等生

有一位四年级孩子的母亲来到老师的办公室，忧心忡忡地对老师说："老师，我来请教怎样才能使孩子提高学习成绩。从孩子上幼儿园开始，我就教她学习写字、做数学题，一、二年级时孩子学习还挺好。我花钱给她买各种各样的学习辅导资料，还买了复读机、磁带、光盘……家里什么都有，可孩子的成绩却总是排在中等，最近我发现他越来越不爱学习了。您说，现在没有知识，将来能干什么呢？"

老师问道："那您是怎么要求孩子的呢？"这位母亲回答："他总是考80多分，还想参加数学竞赛，那不是空想吗？我们单位小李的孩子学习就是好，每次都考90分以上，那才是参赛的料。我的孩子那么笨，哪能行啊，让我给拒绝了。"

瞧瞧，这位家长从来看不到孩子的优点，又不顾及孩子的感受，在这种得不到赏识的"高压"下学习，孩子肯定觉得自己不行。那么，没有自信，又怎么能把学习搞好呢？

再看看我的一位刚从北大毕业的年轻朋友的故事：

这位朋友小学和初中学习成绩都不错，但是到了高中却一落千丈，无论她如何努力，成绩始终都在班级25名左右徘徊，为此她非常苦恼迷茫。

高一寒假的时候，这个女孩的一位从北京回家探亲的表叔来看望她的父母，很自然的，家里的大人们谈到她的学习情况。女孩的父母连连叹气，表叔却说，小姑娘形象不错，普通话也可以，而且还学过钢琴和舞蹈，虽然学习成绩一般，但如果再努力一下，去考北京广播学院（现在的中国传媒大学）的播音主持专业一定没有问题。

表叔的无心之语，却让女孩看到了希望。从此以后，女孩整个学习状态都发生了翻天覆地的变化——每天早上六点起床，六点半拿着饭盒出去，有课上课，没课上自习。晚上吃完饭之后接着上自习，一直到晚上熄灯回到宿舍。这样的日子她坚持了两年。

两年之后，这个女孩出人意料地考上了北京大学。那两年的火热学习状态，一直是女孩一生中的最美好记忆之一，至少到现在为止，谈起这段往事，女孩依然感觉那是最幸福的时光。

这就是赏识的魅力，这就是自信的力量。每个孩子的潜力都是无限的，关键是在这个孩子的成长过程中，作为家长的我们是否给了孩子一个合适的目标和方向，是否发现了孩子身上的引爆点。一个合格的家长平时要多注意自己"中等生"孩子的言谈举止，善于发现他们身上的特点和特长，及时给予鼓励和培养，使他们将自身原有的才能和天赋充分发挥出来，并体验到自身的价值。

●家长的肯定是前提

做父母的都希望自己的孩子学习成绩优秀，但现实往往会令人感到遗憾，就像我们身边的孩子一样，优等生还是极少数的，大多数孩子学习成绩平平，属于中等生。这部分孩子人数众多，可变系数大，随着年龄的增长，有的孩子学习逐步迈上坦途，而有的孩子则很容易下滑到"后进生"的群体之中。

无论孩子的表现如何，家长都不能对孩子失去信心，因为家长的态度对孩子的成长有着至关重要的影响，孩子的自我认识积极与否，在很大程度上取决于家长对他的看法和评价，如果家长首先选择放弃孩子、看扁孩子，认为孩子这辈子没戏了、不可救药了，那么孩子极有可能受此影响形成消极自我，不但自信心丧失殆尽，而且还容易自暴自弃，破罐子破摔。

◉ 激励促使中等生向优等转化

虽然许多中等生的智力、能力一般，但潜能是无止境的，当感受到自己是被关注、被肯定的时，他们会产生强烈的上进心以及竞争意识，这样，教育的奇迹就会出现。中等生有很多的期盼，他们期望能得到来自老师和家长的安慰、鼓励、支持、理解、信任和尊重，他们同样渴盼鲜花与掌声，想从"中等"到"优等"……实践证明，**中等生表现出来的积极性并不比优等生低**，所以对于中等生，我们要通过及时表扬，肯定他们的种种努力，帮助他们认识自身优点，增强自信心，勇敢地迈出前进的步伐。

寻找机会让中等生品尝成就感

自信心的建立需要有成功的体验作为基础。一个人只有品尝到成就感,才能不断地向成功冲击。成功的快乐是一种巨大的情绪力量,可以促进孩子形成好好学习的愿望,如果缺少这种力量,教育上的任何巧妙措施都是无济于事的。

对广大中等生来说,品尝成就感的机会越多,就会越自信,越自信就越能够成功。就拿孩子的学习来说,孩子的学习成绩越好,他对学习就越有信心,学习兴趣就越加高涨。反之,如果孩子在生活历程中充满了失败的记录,他就会怀疑自己的能力,做事时就会丧失对自己的自信。比如孩子某门功课不好,一考试就"亮红灯",他就有可能对这门功课望而却步,他就有可能在心里否定自己,认为自己无论怎么努力也学不好。

现实生活中,我们的中等生却少有成就感,为此失去了迈向成功的动力。因此,为了使中等生自信起来,家长要善于让孩子尝到成功的滋味,要多给孩子创造些体验成功的机会。其实每个孩子都有自己的优势和长处,家长要努力寻找孩子身上的这些闪光点,并使其得到充分的发挥,以此来增强孩子的自信。比如有的孩子学习不太好,但歌唱得挺好,家长就可以经常邀请亲戚朋友来听孩子唱歌,孩子在这个活动中得到了认可,体会到了成功,他就不会那么自卑了,就不会认为自己样样不如别人了,时间一长,孩子的这种自信就会迁移到学习上。

在一所小学的计算机课上,老师教同学们学习建立文件夹和文件,三年级二班的小杰因为不太会使用鼠标,建立的文件总是放不到文件夹里。于是,他向老师发出了求救,老师对他说:"只要你仔细想想文件夹和文件的关系,再把建好的文件拖到文件夹里就可以了。"结果小杰还是屡试屡败,不断抬头看老师，终于得出了一个结论："老师，我知道了，肯定是这个鼠标有问题，要不给我换一台机器吧。"

"别忙，让我来试试。"老师接过他的鼠标，在文件上点击左键，轻轻向文件夹方向一拖，文件就进了文件夹。

"哇！老师您真厉害！"小杰高兴地说，但转眼间又露出了沮丧的表情，因为老师又把文件夹里的文件拖出来了。

"小杰，刚才你为什么说老师厉害呀？"

"因为老师那么容易就把文件放进去了。"

"那为什么老师能放进去，而你却不行呢？"

小杰想了想说："嗯……说明我太笨了。"

"可是你刚才说鼠标有问题，而现在老师能帮你把文件放进文件夹里，这是要告诉你，这台机器的鼠标是没有问题的。"

小杰皱起眉头，带着埋怨的口气："可你又把文件拿出来了，好容易放进去的，多可惜啊！"

"一点也不可惜，因为老师觉得你很棒的，肯定也能放进去。怎么样，想不想试一试？"

"想！"小杰用很肯定的语气答应道。

小杰重新拿起了鼠标，一开始，他仍然做不好，老师微笑着摸了摸他的头。老师的鼓励使小杰消除了内心的顾虑，他终于把文件放进了文件夹里。"老师，老师，你看，我放进去了！"他的脸上洋溢着得意的喜悦。

想想看，如果当时老师不是这么耐心地帮助他，那么小杰也就无法体验到自己努力过后成功的喜悦，而这种喜悦的心情将给孩子带来无穷

第三章
放心去飞：中等变优等的五个起点

的动力。

作为中等生的女儿依依9岁时，家里的录音机坏了，依依要听英语磁带，于是她妈妈拿着录音机到隔了一条马路的修理部去修。花了10元钱，修理部的师傅说修好了，可是回到家，依依把磁带放进去，听了不到10分钟，录音机又"罢工"了。

这一次，她妈妈让她独自去修理部"复修"。很快，依依就回来了。她说，这一次她在修理部当场"验货"，没问题了。可是第二天刚用了不一会儿，录音机又坏了，依依不得不再次光顾修理部。第三天，问题又出现了。这次依依说，她上次去的时候就注意到修理部还卖小的随身听，她问了价钱了，35元一个。"妈妈，不如咱们再买个新的吧？"

她妈妈说，买新的不是不可以，可是这旧的毕竟花了10块钱修了，如今没有修好，那10元钱花得也太没有意义了。依依说："我有办法，叫那个叔叔把那10元钱退给我们，我们再加25元买他的新的，不就可以了吗？"她妈妈不无担忧地说："恐怕人家不会答应的，咱们三番五次叫人家修理，人家为着10元钱，也没少费工夫，怎会轻易退给我们呢？""会的，我去跟他说！"依依自信地说。她妈妈于是答应让她去试一试。

依依蹦跳着出了门。10分钟不到，她又蹦跳着回来了，手里拿着一个崭新的小盒子。妻子一看就明白了，依依的"谈判"成功了。她赞赏地拍着依依的肩膀说："你真行！妈妈去都不一定能成功！"没想到依依眉飞色舞地说："还有更让你高兴的事情呢，叔叔少要了我5元钱！看，这是剩下的5元钱！"妻子更高兴了："你真行，比我还强。"依依得意地笑着，摆弄起新的录音机了……

类似这样的成功，依依经历了很多，正是我们为孩子创造了机会，孩子才不断地体验成功。由此，孩子越发自信，学习劲头也越来越高，成绩也越来越好，所以才不断地跳级。

一次偶然的成功会提高一个人的多少自信心没法计算，但绝对会影响一个人对自我的重新审视。中等生由于平时在意他们的人实在太少，让他们表现的机会也很少，因此，他们对自己根本就没有一个很好的认识。如果家长能人为地制造一些机会让他们也成功一把，亲身体验一下成功的感觉，他们会从那种良好的感觉中得到启发："原来我也很棒，成功其实并不难。"

家校结合为中等生创造成功的机会

积极为中等生创造机会，帮助他们获得各种成功的体验，是促使中等生向优等生转化的行之有效的方法之一。家长不仅应以积极的态度为他们创造机会，更快地促进中等生的个性健康发展，而且要加强对中等生的成功教育。

一方面，是让中等生打破对"成功"的神秘感。要让孩子明白，成功是一个相对而言的概念，圆满地达到既定的目标就是成功。比如，能帮妈妈爸爸做好一件家务，能较好地回答老师的一个问题，能顺利地参加一项社交活动，敢在众人面前发表自己的见解，等等，这些都算是成功。

另一方面，要让孩子学会展示自己。成功和展示是互相联系的。有机会展示，才有机会获得成功。家长要善于创造条件，给中等生提供展示的舞台，使之在展示中增强兴趣，优化个性。

中等生通过展示自我，在同伴中可以实现良好的自我价值，他们渴望受到关注和展示的心理就会得到满足，并在自豪荣耀的基础上，树立自尊心，增强自豪感，不断发扬优点，克服缺点，逐步跻身于优等生的行列。

◎ **鼓励中等生自己想办法解决问题**

现在的孩子几乎都是独生子女，在家里可说是"集万千宠爱于一身"，家长对孩子力所能及的事包办代替的太多，这往往让孩子对父母长辈的依赖性逐渐加强。例如有时候，孩子看课外书遇到不认识的字就会喊："妈妈，快来呀，这个字念什么？"听到孩子的求助声，很多妈妈会立马赶来告诉孩子这个字的念法。其实，很多时候那就是个常见字，只要到字典里查一下就可以了。可是做家长的没有把这个锻炼的机会让给孩子，而是自己直接告诉孩子答案。这很容易让孩子养成一种习惯——一遇到困难，就大声"呼救"，根本无法体会到原来自己稍加努力就会成功的。

所以，家长应该有意识地让孩子体验能够承受的困难。**遇到问题的时候，应该鼓励他们自己先想办法解决，力所能及的事情要自己做，而不是马上给予孩子需要的帮助。**这样不仅能培养孩子自信、勇敢、果断的品质，还能丰富孩子的知识与经验，使他们体验到成功的喜悦。

鼓励中等生发掘自己的强项

对于大多数中等生来说，我们做家长的往往过于吝啬自己的夸奖。家长们发现不了孩子的长处，就更不用说让孩子展示自己的才华了。家长们往往认为孩子成绩中等就没有前途，更找不到孩子中等的"症结"。

有的家长总觉得自己的孩子不如那些成绩优异的孩子好，他们老是拿别人家优等生孩子的成绩来比较自家的孩子。一些父母还会逼孩子"东施效颦"甚至"削足适履"，这种强行"修剪"和"嫁接"的方式，只会让中等生孩子备受煎熬。

大志家和丰丰家是门对门的邻居，两个孩子同在一个班里上初中二年级。

丰丰学习优秀，学什么都快，兴趣广泛，业余时间还学拉小提琴，丰丰的妈妈和爸爸决定让儿子报考市里最好的高中——育才高中。

大志爱运动，篮球打得很好，语文成绩也不错，但由于偏科，数学成绩不理想，因此总成绩排名也不太理想。大志喜欢看武侠小说，立志长大后要像金庸那样写武侠小说，还经常写一些散文、随笔等。可大志的妈妈不理解大志的行为，她认为总分上不去，就考不上好高中，将来也上不了好大学。她常拿丰丰的学习成绩"教育"大志,并把大志关在家中,强迫他学习,业余时间也不让大志去打篮球,还把大志写的随笔统统撕掉了。大志妈妈在业余时间让大志上各科补课班,并用物质奖励等方法敦促大志好好学习。可大半年过去了,大志依然故我,成绩依然是个中等,气得妈妈整天跟他嚷嚷:"你算完了,前途一片黑暗。你要是能像丰丰那样好学上进,那该多好啊!"

娜娜是一所小学四年级的女孩,她从小学习画画,而且很有绘画天赋,英语也学得不错。娜娜的缺点是性格内向,语文、数学学习成绩中等。由于自信心不足,娜娜上课从不敢举手发言,就是老师提问到了她,也总是声音小得像蚊子一样。为此,老师找到了娜娜的妈妈,商量一起帮助娜娜克服自信心不足的毛病。

一天放学后,娜娜兴冲冲地跑回家,一进门就大声嚷道:"妈妈,英语老师叫我和李牧(她们班上的优等生)一起批改单词测验。"妈妈说:"你敢批吗?""怎么不敢,老师说我和李牧的英语单词考得全班最好!"妈妈乘机说:"娜娜,其实你有许多优点,只是自己没有意识到,上课胆子大点,把你的想法和答案告诉老师和同学,不管对错,你会觉得其实自己并不比别的同学差!"听了妈妈的话,娜娜的信心足了许多。

几天后,一次放学一进屋,娜娜就告诉妈妈:"妈妈,我今天语文课举手发言了,虽然回答不十分正确,但老师夸我有进步了。"从此以后,娜娜三天两头向妈妈报喜,自信心明显加强,成绩大有进步,而且娜娜的绘画作品也频频贴在学校的

家有中等生

特长作品展示栏中，不久前，娜娜的一幅蜡笔画还参加全国比赛了。就这样，英语老师的一个小小的赏识，让娜娜找到了自信，认为自己并不比别人笨，别人能办到的自己也同样能办到。

每个孩子都有各自的特点，就像世界上没有两片相同的树叶那样，世界上没有两个完全相同的孩子。有的孩子好静，有的孩子好动；有的孩子喜欢文科，有的孩子擅长理科……这些都是孩子各自的特点。可是，我们往往会给那些好动、贪玩、偏科、总分排名上不去的中等生贴上没前途的标签。

教育的一个重要原则就是重视差异性，具体而言，就是别把孩子的特点当缺点，而是要及时发现孩子的特点，并加以引导，使之成为孩子的特长，再进一步帮助孩子发展其特长，成为其强项，这样孩子才会离成功更近。

所以，家长要善于发现孩子的长处，并鼓励他们展示自己的优势，点亮孩子心灵深处那盏自信的明灯。

● 发现中等生的特点和强项

王亮13岁以前学习成绩一直不理想，家长采用了补课、奖励等种种手段全部无效。某天，王亮的爸爸惊讶地发现，儿子居然连续两个多小时在看一本关于古钱币方面的书。他灵机一动，决定从此处下手。他收集了一些古钱币方面的资料，抽时间专门给儿子讲了一些关于古钱的知识，结果发现儿子对古钱币非常感兴趣。儿子过生日，爸爸还特意送给他几枚古币，以后又有意识地给他一些零花钱，孩子都攒着买铜钱和书了。渐渐地王亮也看一些课内书了，成绩也在上升，还立志要考大学研究古钱币。王亮一点一点地进步，最终考入了某重点大学的历史系。

从一个班上学习成绩一般的"中等生"到重点大学历史系的学生，这是王亮的父亲根据孩子的特点因势利导的结果。假如这位父亲不是引导孩子，而是严厉地责骂、无情地否定，这个孩子还可能成功吗？有些父母在发现孩子的某些特别爱好后，不是加以鼓励，而是严厉禁止。这样，孩子反而会产生逆反心理，越是父母想让他们做的，他们偏不做。所以，只有根据孩子自身的特点，才有可能找着他们正确的成长道路。

● 鼓励中等生展示自己的强项

孩子都有强烈的表现欲望，中等生也是如此。但现实中为何中等生对于上课发言，参加各种活动和学习竞赛却显得十分被动呢？因为舞台都是为优等生准备的，哪怕去参加，也是作陪衬。没有成功喜悦的刺激，就无法激起他们的表现欲。正如一位中等生在日记中写道："经过这次英语故事比赛，我才发现紧张只是一时的，原来我也能行！"因此，家长和教师要鼓励中等生参加各种活动和竞赛，让优等生和中等生一起合作参与，挖掘中等生的潜力，给中等生脱颖而出的机会，把每一块土地都开垦成肥沃的良田。

第四章

爱拼才会赢：中等生成绩变优的十大利器

让中等生明白为什么而学

家长最头疼的事情，莫过于自己的孩子不喜欢学习，对学习不上心。对那些学习不上心的中等生，家长常常是费尽心思，或者摆道理举例子，让他们明白学习的重要性；或者冲他们发火，用高压手段、惩罚手段逼迫他们学习。可是，任凭软硬兼施，效果却常常并不明显。好多孩子要么厌学，要么磨蹭、学习效率低，要么干脆任你打骂，就是学不进去，有的孩子也用功了、努力了，可成绩就是不理想……

对这样的中等生，家长着急上火，老师唉声叹气，中等生自身压力也很大，活得一点也不快乐。因为在他们看来，学习是一件痛苦的事情。要他们学习，显然是要他们承受痛苦的折磨。

11岁的冬冬放学后，胆怯地把数学测试卷和语文练习卷拿给爸爸签字时，爸爸看得火冒三丈。先是数学的测试卷子，分数75，爸爸暂没发火，仔细看了错的题，有两道空着没做，扣10分。爸爸问冬冬为什么空着不做，冬冬说不会做。他爸爸仔细看了题，是两道很简单的求面积的题。爸爸首先问他知不知道求这些面积的数学公式，冬冬说知道，并脱口而出地背了出来。"好，那你说说这两道题符合你背的哪个公式？这是个什么型的面积？"冬冬想了一下说："知道了。"爸爸说："你怎么这么粗心大意呢？这是什么学习态度啊？仔细想一想就会了，你就不想，你这不是找着揍揍吗？"

家有中等生

冬冬赶紧去改正。爸爸接着看他的语文练习卷,越看越来气,错别字不少。最令爸爸生气的是冬冬那歪歪扭扭的字,前面写得密密麻麻,后面却空了很大的地方不写,偏偏把字都挤在前面的一点点的地方。爸爸从冬冬二年级开始就要求他描摹钢笔字帖,要求他的字一定要写得端端正正,可冬冬从来都是阳奉阴违,作业本上、考试卷上,极少有端端正正的字、漂漂亮亮的卷面。爸爸拿红笔把那些歪歪扭扭的字一个一个地圈出来,唠叨道:"拿去!看看你的字,数学、语文、英语,没有一个字是写得端正的!你这样的学习态度,能学习好才怪呢!"

是的,没有好的学习态度,哪有好的学习结果?所以,只有端正学习态度,孩子才能学得好,考高分。

◎ 明白为什么而学比怎样学更重要

"我为什么要学习?"很多孩子曾这样问家长和老师。

学习是为了将来有个好工作,家长这样叮嘱;学习是为了将来考一所好高中、好大学,老师这样告诫。可是孩子们却想不了那么远,他们想的是:今天的数学作业还没写完呢,明天英语课的单词还没背呢……

很多时候,对孩子来说,学习是一件无可奈何的事情。如何让孩子喜欢学习?怎样才能提高学习成绩?有关学习方法的问题,往往成为家长关注的重中之重。的确,**学习方法是一门学问,但是,让孩子明白为什么而学比怎样学更重要。**

当然,端正学习目的还有一个很重要的原因,就是要根据孩子的自身条件量体裁衣。分析孩子的学习实力处于什么水平，如果是中下等水平，家长也要他报考重点高中，只会加大孩子的心理负担，这是不切实际的目标确定，如果是中上等水平，不妨去努力尝试。

要引导孩子真真切切地明白，学习是为他自己而学的，只有明确了这个学习目的，孩子才会始终如一有学习热情，也真正有助于学习成绩的提高。

● 变"被动学习"为"主动学习"

中等生的学习成绩上不去，往往是因为他们的学习是被动的，在家是父母逼着学，在学校则是老师压着学，反正都不是主动学习，这样学习效果不可能好。

学习离不开主观努力。我们可以看到，从语文的文言文到英语的单词、词组；从数学的定理到物理的公式，需要的都是多看、多读、多记、多背、多默，这些只有勤奋者方能坚持。古今中外，哪一个有所成就的人主观不努力、不勤奋呢？正如古人所云："一分耕耘，一分收获。"

而仅有勤奋还不行，良好而行之有效的学习方法也至关重要。比如：课前要预习，只有在家中认真充分地预习了，才能提高听课的效率，加深对新知识的理解。听课要专心，听课一定要排除一切干扰，简明扼要的笔记也是有助学习的好帮手。课后要复习，这是对课堂学习的消化与巩固，也是对即将要做的作业作一个提前的预习。重视做作业，作业作为检查知识掌握程度的检验方式，一定要认真对待，千万不可敷衍，更不能抄袭。

家有中等生

有一个明确的学习目标

目标对人生有巨大的导向性作用。成功在一开始仅仅是一个选择，你选择什么样的目标，就会有什么样的成就，也就会有什么样的人生。

中等生要想成为优等生，要做的第一步就是树立一个成为优等生的目标。树立目标后，再按计划朝着一个个目标迈进。迈进的过程中困难是难免的，要树立不怕困难的勇气和决心，持之以恒，最终才能走向成功。

在学习的过程中，一旦制定了一个目标，就会从内心深处产生一种力量，努力朝着所定的目标前进。目标，是一种希望，在希望的激发之下，人才会不断地追求进步向上，所以，中等生为了提高学习成绩和效率，在学习的过程中，就需要设立非常明确的目标。

初二学生晓峰大的目标不缺乏，想过长大后当科学家、歌唱家，还想过长大后当作家。最近晓峰又说长大后要做伟大的建筑家，造出比上海世博会上还漂亮的房子，这让爸爸妈妈很高兴，认为儿子有理想。可因为这些大目标实现起来太遥远了，是长大后才能实现的，所以现在晓峰学习就缺乏努力的动力，学习起来没有什么明确的目标，比较盲目，因此，学习成绩也不理想。

后来，晓峰妈妈读了一本书后受到启发，知道自己的孩子是缺乏近期目标。远期的目标要经过长远的等待和努力，容易让孩子失去热情，但是近期的目标容易实现，可以激起孩子的热情。因此，晓峰的妈妈帮助孩子制定了近期目标，由于近期目标明晰可见，孩子几乎每天都能看到自己的进步。

有了目标，就要列出计划来实施目标。首先，要让孩子知道每天、每周、每月的安排，知道每天具体应该干些什么。让孩子把自己的学习和生活的计划列出来，做到自己对自己心中有谱。一份计划上只出现时间和科目是不够的，最起码还要有具体的章节的安排，包括做哪些习题，看哪些笔记，这样才能真正地发挥计划的优势。

其次，计划要"实"，就是要符合孩子的实际情况，适当地高一些也可以，但绝不可过高或过低。太低了，计划的内容松松垮垮，反而不如没有计划；但大多数孩子可能更容易把计划列得偏高，开始还能拼一拼坚持一下，但很快就会败下阵来。如果总是列这种过高过紧的计划，常常完不成，那么时间一久孩子就失去信心了。一份好的计划绝不在于它的起点有多高，而在于它是不是能帮孩子更好地完成学习任务，让孩子的能力得到最好的发挥。

最后，计划的安排应合理、科学，尽量不要让孩子的时间浪费。应该说明的是，**不浪费时间并不是把所有时间都用来学习，也不是说打球、看电视、上网等时间都是浪费**。比如周六、周日的时间，如果孩子的学习黄金时间在上午，而孩子却在整个上午上网、看电视，而中午、下午才来做作业的话，这就不能不说是一种浪费了。很多事不能不做，但要放在合适的时候做，黄金时间都应用来学习。

从上高中后，女儿依依就住校学习，因为一是孩子主观上有这个愿望，二是为了培养孩子的独立生活能力，三是为了体验一种新的学习生活，所以我满足了孩子的这个要求。可 2010 年春节开学一个月后的周末，孩子回来说不想住校了，要求退寝通勤，而且罗列了很多理由：一是不能保证睡眠，二是影响学习，三是每天能吃到家里可口的饭菜……随后我与老师沟通证实了孩子所说鉴于当初的住校目标已经基本实现，我便同意了她的这个请求。

于是，新的学习生活开始了，孩子首先拿来她为此制定的每日和每周作息时间（见下表），经我审阅后打印贴在墙上批准实施。现在，一个月过去了，孩子每天都按计划快乐地学习、生活。

范姜国一作息时间表（高一下学期） 2010 年 3 月 29 日起实施	
周一至周六	周　日
5：40 起床	7：30 起床
5：40—6：10 洗漱、早餐	7：30—8：00 洗漱、早餐
6：10—6：20 到小区大门口乘坐班车	8：00—10：00 写作文
6：20—6：50 上学路上	10：00—12：00 户外活动
7：00—11：45 上课	12：00—12：30 午餐
11：45—12：50 午餐、午休	12：30—13：30 午睡
13：00—18：50 上课	13：30—14：30 室内游乐
18：50—19：00 到校门口去乘坐班车	14：30—16：30 课外阅读
19：00—19：30 放学路上	16：30—17：15 回顾本周所学
19：30—20：00 晚餐	17：15—18：00 预习下周将学
20：00—20：20 回顾今日所学	18：00—18：30 晚餐
20：20—20：40 预习明日将学	18：30—20：00 上网游乐
20：40—21：30 课外阅读	20：00—21：30 看电视
21：30 睡觉	21：30 睡觉

备注：
1. 由于周日可以晚起，所以周六睡觉时间可以推迟一小时。
2. 户外活动主要是小区内健身区健身、打球及周边散步等。
3. 室内游乐主要是与家人玩军旗、象棋、五子棋、克朗棋、扑克等益智类棋牌。

第四章
爱拼才会赢：中等生成绩变优的十大利器

（续）

4. 每隔一个周的周日可以尽情地逛一次街，吃些可口的小吃，买些可爱的小饰物，当然还要去书店和图书馆买书、看书，每个月要游泳一次（2~3小时）。
5. 清明节、五一节，随家人郊外踏青游玩。
6. 本学期学习目标：学习成绩进入班级前5名，综合素质第一名。

◎ 制定学习目标的两个原则

家长应该怎样帮助中等生确立适合自己的学习目标呢？

一般来讲，确定中等生的学习目标应当符合以下两个原则：

①遵从孩子的意愿。学习目标的确立一定要遵从孩子的意愿，家长和老师不要把自己的意愿强加于孩子。要让孩子自主制定自己的学习目标，如果一个人充分地相信自己，从某种意义上说，他就具备了从事很多活动的信心和能力。一旦中等生敢于自主地确定自己的学习目标，并为这个目标投入自己几乎所有的精力时，那他在学习中一定可以取得好成绩，考试也一定会考个好分数。

②由孩子自己的实力来决定。目标也不一定是一成不变的，它可以随着孩子的实力的变化而变化，无须过高，也不能过低。有一位初中曾是中等生，后来考上了省实验高中的孩子说过："初一的时候，我只能保证自己考到班级前20名；初二时改为班级前5名；到了初三，我便把目标锁定在校前10名，并为此努力拼搏。"

◎ 有计划地实施目标

实现目标要有步骤性，一步步向目标迈进，最终达到实现学习的总目标。比如说，这一节课必须掌握哪些知识，这一天的复习要包括哪些内容，这一个月的学习要达到什么效果，小到一小时，大到一月、一学期、一年，都要有目标，只有这样，才可以不懈怠，不放松，一步一个脚印地朝着最终目标前进。

帮助中等生调整学习状态

"中等生"之所以中等，不会调节学习状态也是原因之一。

现在的孩子，无论小学生还是中学生，学习的压力无时无刻不在伴随着他们。同样的学习任务，学习方法掌握得好，学习状态调整得好的孩子，学习就轻松，成绩也喜人；反之，孩子学习压力就大，成绩就会中等，甚至更差。因此，教孩子学会调节学习状态很重要。

有关调查表明，现在有近30%的孩子上进心不强，安于现状，不思进取；50%的孩子在学习过程中有浮躁心理，虽然这些孩子也有理想、有抱负、有学习目标，但是做事无恒心、见异思迁不安心，总想投机取巧、急功近利，结果欲速则不达；60%的孩子注意力不集中，精力容易涣散，如做着数学题又想起英语题要赶紧做，英语题刚开始做又想起还是数学更紧，有的孩子则把学习看成一项负担，提不起兴趣；40%的孩子感觉自己学习进步不大，因此信心不足，经常有逃避的想法。

这些不健康的心理活动，致使他们学习效率低下、思维呆滞、心理疲懒。在学校应付老师的作业、混日子，外表看起来也在学习，也在看书，但思绪早已经飞到了外面的世界……

有一个刚上初中的孩子，由于作业量增多，每天放学的时间都很晚，回到家已经很累了，再做作业时思想很不集中，写着写着就想打瞌睡，所以效率很低，作业做得很慢。这孩子每天回家后就在为作业折腾，甚至有时累了先睡了，完不成作业，状态很不好，孩子自己不知道如何去调整，怎样才能提高做作业的速度，而家长也只是一味地唠叨。

即便有时不困，这孩子一个人在家中的时候，也没兴致做作业，因为有电视、电脑在诱惑着自己。看着别的同学除了完成作业还另做练习题，可自己连作业都完成不好，孩子就犯愁，日子一天天混过去，想用功都用功不起来，想努力却不知该如何努力……

孩子成绩差异大，原因是多方面的，但最大的原因不是学习方法不当，而是孩子的学习动机不够强烈，学习体验不积极。

孩子是学习的主体，学习归根到底是他们自己的事情，再好的教法、再好的教材，如果他们自己不学，也是枉然。所以，家长必须帮助孩子调整好学习状态，改善孩子的学习体验，激励孩子的进取心和上进心。

要培养孩子终身学习的愿望和能力，首先就要培养孩子积极的学习心态、积极的学习心理体验和强烈的学习动机。因为只有使他们感觉到，学习是能给他们身心带来愉悦而不是痛苦的体验时，他们才会去主动尝试、主动反复体验，也只有这样才会产生学习的愿望。

只有机械的、毫无快乐的学习体验，孩子的学习效率不会高。我们都有这样的感受：如果我们开心，那么做什么事情都觉得轻松；相反，

家有中等生

则效率低下,感受也是痛苦的。学习更是很容易受到情绪影响的一件事。处于愉悦的情绪状态时,孩子学习起来注意力会更集中,思维会变得敏捷、清晰,记忆力也会增强,敢于提问,勤于思索,学习效率自然会提高。而且,良好的学习情绪还有助于孩子适应学习环境,创造一种和谐的人际关系以促进他的学习。可是,如果情绪压抑,自然注意力难以集中,记忆力也会明显衰退,从而影响整体的学习效果。长期如此,甚至会产生厌学心理。当孩子把学习和痛苦的体验联系到一起,不仅看不到孩子获得好的学习成绩,而且也不能看到孩子有一个好的发展前途。

在一次中国青少年发展论坛上,南京市夫子庙小学的学生代表现场向大家公布了一组调查数据。该校对120名小学生进行了调查:"学习快乐吗?"有73%的同学回答是"不快乐"。"你怎样安排自己的双休日时间?"有64%的同学回答是"上培训班、补习班",有32%的同学回答是"做作业",表示能自由支配自己时间的学生只有4%。参加调查的学生普遍表示,面对家长和学校感到有压力。

可见,是我们的育人者,给孩子们绑上了"学习"这副沉重的十字架,只知道逼孩子累孩子苦学死学,却无视孩子对快乐的渴求,漠视孩子向往快乐的天性。这种剥夺孩子快乐权利的做法,出发点是为了让孩子们有一个好的学习状态,从而取得好的学习成绩。可是,忽略孩子们的快乐情绪,对学习乃至对人生,只能是有百害而无一利。

所以,学习需要有快乐的感觉。

●教中等生学会调节学习压力

随着现代社会竞争越来越激烈,许多父母对子女抱太大希望,常常

第四章

爱拼才会赢：中等生成绩变优的十大利器

自觉不自觉地给孩子施加压力，强迫孩子一定要考出好成绩，将来做"人上人"。结果，许多孩子对学习产生了厌恶情绪，有的还严重影响到身心健康。"望子成龙"是许多人的美好愿望，这本无可厚非，但必须明白不是每个人都成得了"龙"的，不能过分苛求自己的孩子，不要让孩子背上沉重的思想包袱。

研究表明，若父母给孩子压力太大太早，会出现以下问题：

①这种提高不会是永久性的，即使开始时能超过其他孩子，但当其他孩子也开始用功时，此优势就会消失。即使是短期内在某一方面较有成就，但是，因为他们是被动的，对学习没有激情，他们的思维、逻辑、推理落后于其他孩子，所以效果不会很好。

②这类孩子因受大人支配太多，指责太多，所以自我激励感很弱，创造性和想象力受到压抑，好奇心也受到阻碍，很难发现自我价值。他们因早期受压太大，承受较多挫折，因此自信心与自觉性也受到打击。这种孩子只是父母的影子，他们认为，父母要我做的事是重要的，而自己想要做的事是不重要的。

③这些孩子由于学习压力太重，失去了童年的乐趣，没有正常孩子那样的欢乐，由此会影响社交能力和其他各种能力及健康心理的发展。

教育孩子不一定是把他培养成教授或博士才算成功，关键是要使孩子成为一个幸福的人。作为父母，应设身处地地考虑孩子的实际情况，照顾孩子的兴趣爱好和实际能力，尊重孩子的意愿而不是盲目地要求孩子按照成人预先设计的轨道成长，千万不要硬性地对孩子提出过高的期望和要求，要注意给孩子减轻过重的精神压力。

告诉孩子：首先是要时常激励自己，增强自己的信心。压力总是对没有自信的人造成伤害，压力就像弹簧，你弱它就强。因此要时常激励自己，增强自己的信心。可以在自己的床前、写字台上写一些能激励自己的名言警句；可以多想一些自己顶住压力，战胜困难和挫折走向成功的经历。要相信困难和挫折只是暂时的，只要自己努力，就没有过不去的山。

其次，多和父母、老师或同学聊聊天。把自己遇到的困难和挫折，和自己能聊得来的人聊聊，这本身就是一种对压力的宣泄，从中受到某些启发，也可得到有力的指导。最后，如果学习压力过大，感觉已无法忍受，不妨暂时中止学习，到户外走一走，透透气，可以对着树上的鸟儿大喊几声，也可以顺着小路跑上几圈，充分放松自己，或是找一些自己喜欢做的事情做。

● 要中等生快乐地 "玩过小学"

孩子幼儿成长阶段的主要任务是玩，开心地玩、尽情地玩，以此启迪孩子的心智。上学后就要玩中学、学中玩。我所说的"玩中学"不是一边玩一边学，而是玩的时候不要想学习的事情，要玩得尽兴，而学的时候也不要再想着玩，要学得用心；"学中玩"是指在学习中找到乐趣，把学习当做一件快乐的事情。

我的女儿依依就是这样"玩过小学、乐过中学"的，正是在这快乐的学习与玩耍中，孩子实现了从中等生到优等生，从高分数再到高能力、高品行的转变。

为什么小学阶段要强调一个"玩"字呢？

第一，玩是小学阶段孩子的天性和权利。这个年龄段的孩子都渴望玩，渴望从玩中得到快乐。吃饭穿衣是他们的需求，玩同样也是他们的需求。所以，我们不该剥夺孩子玩的权利，要让他们有玩的时间和空间。如果为了考试成绩，一味逼迫孩子学习，而让孩子远离玩耍，不仅扼杀了孩子的天性，而且剥夺了孩子的快乐心境。没有快乐可言，孩子怎会有学习的兴趣，又怎会有生活的乐趣？

从依依懂得玩那一天起，我就把玩耍作为她每天必做的"功课"。只要孩子开心，我在这一方面一点也不吝啬时间。孩子上学后，我依旧想办法保证孩子有足够的玩耍时间，甚至为了保证孩子玩的时间不受侵犯，我去找老师和学校谈判，要求孩子作业"缩水"，以节省出时间来玩耍，总之我始终在坚持让孩子"玩过小学"。

第二，玩是小学阶段孩子的学习方式。玩不但是孩子生活的一部分，也是其学习的一部分。我认为，**玩中学是一种有效的学习方式，也是一种快乐的学习方式**。不要认为孩子上学了，就该与"玩耍"绝缘了，就该整日埋头书本中。依依整个小学阶段，大部分时间是边玩边学，或者以玩的方式学习，事实证明，孩子的学习没有耽误，反而快乐、轻松地度过了小学阶段。

小学阶段强调一个"玩"字，并不是对孩子无原则地放任，任凭孩子像脱缰的野马一般，而是要把握一个"度"。更要注意因势利导，使孩子在开心之余能获得知识和能力。

◎ 要中等生愉悦地 "乐过中学"

刚说过了"玩过小学"，现在又讲"乐过中学"，可能有的家长要问："玩"和"乐"有什么区别吗？当然有，就字面意义而言，"玩"多指玩耍，"乐"一般理解为快乐。孩子通过玩耍可以得到快乐满足，

家有中等生

但是快乐并不只是通过玩耍获得，通过劳动或是学习都可以收获快乐。所以，我这里所说的"乐"自然是快乐的"乐"，而这个快乐不是单一从玩耍而得，更多的是因学习而来，也就是学习之乐。

我们都知道通过玩耍能给孩子带来快乐，但是很多人却忽略了学习给人带来的快乐，此"乐"应是更高一级的"乐"。通俗的解释就是把学习当做一件快乐的事情，在快乐的学习过程中获得知识和技能，从而收获成功之乐。

多年来，我一直在痛斥"苦学"，倡导我的"快乐教育"理念。我在这里提出"乐过中学"，就是要我的女儿有别于那些接受常规应试教育"锻造"的孩子，不是每天陷在题海中苦学、死学，而是在掌握一定的学习方法的基础上，学会灵活学习，快乐学习，从而轻松获得一个人成长、发展过程中所必须掌握的文化知识。

为什么将中学阶段定位为一个"乐"字呢？这是根据孩子的成长，以及中学读书阶段的学习特点做出的规划。

中学的学科比小学增多了很多，知识量大，覆盖面广，在一定程度上增加了难度，对能力的考核也比小学明显得多。这就要求孩子拿出比小学时多一些的时间和精力投入学习，以切实掌握中学阶段需要掌握的知识。孩子成长至10岁后，"玩"已经不足以吸引他们全部的兴趣，他们的注意力从玩耍逐渐转移到更广阔的领域，包括从书本中探究世界，从学习中获得知识等学习的快乐、求知的快乐。

针对这两方面的特点，我为依依确定了"乐过中学"的成长规划。当然，要孩子以学习为乐地"乐过中学"，并不等于不给孩子玩耍的时间。我对依依说，即便上了中学，虽然和小学比玩耍的时间少了，但她依然是中国中学生玩耍时间最长的一个。对此我有十足的把握，因为依依已经掌握了科学的学习方法，并且对学习有着浓厚的兴趣，自主学习的意识和能力都很强，所以在中学学习任务骤然加重的情况下，孩子的学习压力也不会太大。快乐学习不仅给孩子带来了好心境，还为孩子取得了好成绩。

一日四问帮助中等生强化自我监督能力

有资料表明，中等生常常有以下两种不同的类型：一种是平时对待学习马马虎虎，凭自己的小聪明，学习成绩还过得去，有时还会在个别学科上"冒尖"，这类中等生，自己得意，同学们也羡慕他有个"聪明的脑袋"；二是平时看起来很努力，很少玩，学得刻苦，学习成绩却平平，有时还会在学习上出现低潮，这类中等生，自己着急，同学们看不起，说他"脑袋笨"。随着学习年段的上升，到了初中，特别是初二、初三以后，学科增多，难度加大，这两类学生学习成绩每况愈下，"聪明脑袋"不灵了，"笨脑袋"则更加困难重重，自己苦恼，家长着急。

中等生学习成绩不佳与多种因素有关，其中起主导作用的是他们的学习习惯不好。要养成良好的自主学习习惯，家长就要每天睡觉前问孩子四个问题。

◎ 问今天上课认真听讲了没有

要想孩子进步，就要每天了解孩子在学校的课堂表现情况：上课是否认真听讲了？老师讲的内容是否都懂了？要想知道孩子的学习情况如何，我们要先看看他上课时认真听讲了没有。

上课时，老师不仅用语言传递信息，还会用动作、表情传递信息，用眼神与学生交流。因此，上课必须盯着老师听，跟着老师想，调动所有感觉器官参与学习，才会听得懂，领会明白。

其实，同一个班级，同一个老师授课，优等生和中等生的智商相差无几，他们能成为优等和中等之分，上课是否认真听讲是其中很重要的原因之一。

告诉孩子上课的时候要紧跟着老师的思路，让自己的思维活跃起来，这样获得知识不仅快而且掌握牢固。要有重点地听老师讲课，尤其是当老师讲到自己不懂的地方时，更要集中注意力听，边听边思考，看看老师是怎么分析这个问题的，积极思考老师提出的每一个问题，而不是盯着问题的答案。

问今天所学的知识掌握了没有

孩子每天去上课，但是知识掌握得如何呀？家长要问问孩子当天的知识掌握情况。在向孩子发问的时候，小学生起初可能会就事论事。比如当父母问"今天老师教了什么"、"今天你学了什么"时，孩子往往说"老师教了几个生字，一篇课文"、"老师讲了几道数学题"。当家长问"你会了吗"、"你懂了吗"时，孩子的回答肯定是"会了"、"懂了"。

很多家长就此已经满意，询问也就此停止，其实这样的询问等于没有问，甚至会起到反作用，有时会养成孩子说谎话的习惯。不妨继续问："老师对这些字和课文有什么要求吗？""今天的作业和老师讲的题

第四章
爱拼才会赢：中等生成绩变优的十大利器

有什么关系？""老师今天讲什么了？"孩子可能会答不上来，这恰好表明孩子还不会"完全听懂课"，如果这时候有家长的耐心引导，孩子很快就会学会怎样完全听懂课的。

● 问今天的作业完成了没有

按时完成老师布置的作业，认真思考，认真书写，一丝不苟，对作业中存在的问题认真寻找解决的办法，是帮助孩子养成良好学习习惯中不可忽视的一步。家长无论多忙，都要抽时间检查一下孩子的作业情况，这对中等生的学习进步能起到很好的监督作用。

告诉孩子做作业尽量不要依赖书本，要把作业当成是考试，认真、独立地完成。切忌自己不做而抄袭别人的作业。如果遇到有不会做的，先放在一边，做别的题目。等其他的题都做完了再研究，翻翻书，钻研一下例题，想想相互之间的联系，一会儿就会有灵感了。对各科的作业，要学会合理分配时间、精力，尽量兼顾；在自己较弱的学科上，多花点时间。如果某科作业太多，分成两部分做，中间插做别的题目，起到调节的作用。

要让孩子懂得完成作业的重要。要监督孩子，当天的作业当天完成，当天学的东西当天就进行复习，时间拖得越晚，遗忘率就越高。

● 问明天要学的新知识预习了没有

要使孩子养成在上课前一天晚上，把第二天要上的相关课程预习一遍的习惯，把预习的时间安排在每天的复习时间之后，因为知识是环环相扣的，把前面的基础知识掌握好是进一步学习的基础。

在预习的过程中先找出自己认为是重点、难点的地方，这本身就是提高自己分析能力的过程。有遇到疑难题时，力求自己独立思考、解决疑难，对于无法弄懂的地方，就用铅笔画上记号，提醒自己在上课时注意听老师在这一点上的讲解。预习时的思考是预习过程中最重要的环节，如果预习不思考就等于没预习。预习时要把精力投入在对知识的思考上，而非仅仅对书上知识的浏览、记忆，这样对知识的理解就会更加深刻。

以上四问开始是由家长来问孩子，监督孩子学习，以此养成良好的学习习惯，随着习惯的逐渐养成，家长即可放手，让孩子每日自问以上四个问题，自我监督解决这些问题，自我监督能力的提高，可以更好地促进自我学习能力提升，并进一步掌握科学的学习方法。

预习里的大奥秘

孩子的学习要提倡走在老师的前面，掌握学习的主动性，不要仅仅以完成作业为任务和目的，这样才会学得活，学得有成效。

实际上一个小学生对一样事物的注意力持续时间只有40分钟左右，又因为其他课程和事情的影响，大部分同学在课堂上会或多或少地出现"走神"的现象，如果在"走神"的一刹那，老师刚好讲了一个关键的问题，那这些同学就吃大亏了。但如果孩子预习过了，就不容易出现这种事情。因为，在预习中孩子就会预知本课的重点和难点在哪里，上课时遇到这些环节就会倍加关注，不会错过关键时机。

预习把学习推到了一个全新的求知领域，孩子通过预习已有所悟、有所知、有所得，上课时他们便会拿自己的理解与教师的"讲授"相印证，这便会使孩子经历一连串的心理感受。当他们见到自己的理解与讲授结果相吻合时，便有独创成功的快感；当见到自己的理解与讲授结果不甚相合时，就作比量短长的思索；预习的时候绝不会没有困惑，困惑而没法解决，到听课的时候就集中了追求解决的注意力。这种快感、思索和注意力，足以激发预习的兴趣，增进预习的效果。

所以说，预习有效地启动了孩子进一步求知的内因，从而使孩子在以后的学习过程中，学得更积极、更主动、更有效，真正发挥了孩子的主体作用，这对培养孩子的自学能力无疑有着重要意义。

那么，怎样进行有效的预习呢？

◎ 预习不是为了提前学会

在预习的目的上，很多中等生及其家长认为，预习就是要提前学会。但是，因为预习阶段都是学习新知识，所以，有很多地方会让孩子们感到不好理解和困惑，于是，孩子往往费了很大的力气要学会读懂，结果预习的工作变得很辛苦，而且对自己的能力提升帮助不大。

其实，这种做法是有一些偏差的，我们应该让孩子明确，**预习的目的是提前对要学习的课程有一个初步认识，而不是提前全部学会**，那样的话，在课堂上的时间就变得效率不高了，而且也很不利于孩子们在课堂学习时的兴趣培养。预习真正的目的是要知道下一课的内容是什么方面的，尤其要注意是上一课的延伸还是新的内容，与以前的哪些知识有关系；数学新课中重要的公式、定律、概念是什么，并尽可能地理解它们的含义，语文要知道课文的主要内容和情节是什么；感知这一课哪些内容是重要的、哪些内容是不易懂的。

预习可以降低新授知识的难度，孩子在预习后就能在课堂上，有目的地听预习时所不能理解的地方。了解了重点、难点，就可以更好地解决这些问题，有重点地听老师讲课，有更多的空间来攻克自己不懂、不会的问题，从而有效降低学习的难度。总之，预习可以满足孩子的成就感，增强他们的自信心。

◎ 要掌握合适的预习方法

在预习的方法上，很多孩子采取了死读和苦读的方法。其实，这些做法都是对于预习的方法缺乏正确的认识。简单地说，在预习过程中，有两个关键方法要教给孩子们，一个是知识回顾，一个是假设联想。我们都知道"温故而知新"，说的就是这个道理。知识之间的关联性很强，往往以前学习的知识就是新知识的基础，所以，在预习的时候，不要一下子就开始看新知识的具体内容，而要先看看新内容的题目，然后，就自己所能去回顾一下以前的相关知识。

预习的方法是以阅读为主。要先将新课内容中速阅读一遍，然后回过去将一些重要的公式、定律、概念、语句、结论等做上记号或圈划出来，对看了不太懂的地方可用铅笔打上一个问号，这些就是下一节课要特别关注的问题。最后，最好看一些基础性的练习题，检验一下有何效果。一般情况每课预习10分钟就差不多了，内容较难、较多、较新的可适当延长。

除此之外，预习的时间不要过长。最好将一节课内容的预习时间限制在 10 分钟之内，这样可以提高孩子们的阅读和学习速度，而且对于概括能力和分析能力有一定的锻炼和提升。

听课贵在得法

常言道"学习有法、但无定法、贵在得法"。在学校里，孩子们每天都要上课，听老师讲许多新知识。同是一位老师讲课，为什么有的同学课堂学习效果好，成绩位于优等，而有的同学课堂学习效果就不理想，成绩位于中等甚至是更差？这当中的原因很多，其中有一个不可忽视的原因就是有的孩子会听课，有的不会听课。

那么，如何让中等生学会听课，不断提高听课的质量和效率呢？

◎ "认真"是听课的第一步

上课认真听讲，是掌握知识的重要环节。任何智商正常的孩子，只要每一次上课都认真听讲，成绩都不会差。成绩位于中等的孩子，肯定是上课没有认真听讲，或者主观上想认真，但听课状态不好，结果效果也不好。如果让孩子从小就养成认真听课的好习惯，孩子将会受益无穷。

孩子爱玩是天性，能在 45 分钟内不动，听老师讲授知识，确实很难也很累。那么我们做家长的一定要理解孩子。家长每天在孩子放学后，要抽时间问一问，在课堂有没有听不懂的地方，对孩子的良好表现要及时给以鼓励，认真听课会得到表扬，让孩子感到学习是快乐的，这对巩固中等生的上进心，使他们保持良好的听课状态非常有益。

◎ 听课重在思考而非记忆

告诉孩子，在听课时一定要把注意力集中到理解上，而不是在单纯的记忆上，要养成独立思考和解决问题的习惯。因为没有经过孩子们认真思考和分析的问题，马上由老师来解决，会弱化孩子的独立思考能力，会养成有问题找老师的条件反射，到考试时一遇到疑难问题首先就缺乏了自信心。

告诉孩子，听课的过程中除了跟住老师的思路外，对于同学提出的疑问，也要积极地思考，看看自己是否也有相同的困惑，或者能否回答这个问题，有机会也可以主动给同学解答问题。同样，在其他同学回答老师提出的问题时，自己要集中精力分析和判断，看看同学的回答哪些是最到位、最精彩的，哪些是叙述得不够科学、不够严谨的，取长补短，不断提高自己思考问题的能力。总之，不要让孩子错过任何一次动脑的机会，使他们的课堂听课效益最大化。

◎ 做笔记要分清主次

许多学习中等的孩子抱怨，在平时上课时，笔记记了不少，成绩却不理想。我认为，主要原因是孩子们没有真正处理好听课与记笔记的关系。做课堂笔记固然重要，但首先要处理好记笔记与听课的关系，总的原则是以听为主，有选择地进行记录。如果记笔记就是把老师的板书都原封不动地照搬照抄下来，这样记笔记意义不大，还会把自己搞得很忙乱，最根本的是没有系统地听课，所以这种舍本逐末的做法实在是不可取。

告诉孩子，要根据自己的学习情况，有针对性地，能体现个性特色地做笔记。课堂上要十分重视老师所讲的典型例题，老师在课堂上选用的例题大都是经典例题，精心挑选、精心准备的，非常有代表性。讲解过程也是注重知识的灵活运用，会经常运用一题多解、一题多思、一题多变等解题方法，孩子要有选择地记下来，在课余要慢慢地、细细地品味。

要把老师对重点难点的分析记下来，把自己对知识的感悟记下来，把学习过程中的疑点记下来，把学习和思考过程中迸发出的灵感记下来，这样的笔记用于课后对知识的整理、反思和提升是最有帮助的。在听课的过程中，孩子能完全沉浸在老师的教学中，沉浸在教学的情景中，和老师的思维形成共鸣，这才是最佳的听课境界。

附：中小学生认真听课的十个要点

1. 认真做好课前准备，在上课前把要用的课本、课堂笔记本、课堂练习本、笔等都拿出来，放在课桌上，免得上课时临时找书、笔影响听课。

2. 上课铃声一响，马上坐到自己的座位上，端正坐好，并给自己下达明确的指令：我要忘掉所有开心的或烦恼的事，把注意力转移到听课上来。

3. 自信地抬起头，眼神与老师的眼神交流（即眼睛看着老师的眼睛），并假设老师是给自己一个人讲课，听明白、听懂了、理解了就微微点头，听不懂、不太明白，则可微皱眉头做思考状。

4. 跟着老师的思路认真听、认真理解思考，有疑问的待下课后找老师个别提问探讨，不可在上课的时候钻牛角尖，而是暂时放一放，紧紧跟上老师的思路听下去。

5. 老师一提问，马上大胆思考、大胆举手回答问题，不可低下头想"不要叫到我"。要迫使自己快速思考并争取回答问题的机会，让自己的思维更敏捷，表达能力更强。

6. 认真听其他同学的回答，以及老师对这些回答的点评：哪些方面回答得好，哪些方面回答得不够正确或不够全面。

7. 认真听老师看强调的、提高声音的、反复好几遍的、在黑板上写板书的内容，这是本堂课的重点、考点或难点。

8. 认真听老师补充的、课本上没有的内容。现在一些新课标课本，内容看起来很简单，很多内容都需要由老师补充讲解，所以要特别认真听。

9. 以认真听、认真思考为主，课堂笔记只记课本上没有的、老师补充的内容和例题。

10. 认真听好每堂课最后五分钟的内容。许多孩子当听到老师说这节课我们学了什么什么的课堂总结的时候，心就开始松懈下来，这是不对的。认真听老师最后五分钟的总结归纳有两个重要作用：一是可以查漏补缺，万一在前面听课时有些漏听，可以在最后总结归纳时给补上；二是及时重复抗遗忘，听了老师的总结归纳，就等于是及时地重复记一遍，容易巩固记忆成果，提高整堂课的听课效果。

课堂上要大胆提问

现在的学校教育中存在一个很大的问题是学生少提问，不提问，提不出问。特别是那些被老师忽略的中等生，更是与"提问"不沾边。

第四章

爱拼才会赢：中等生成绩变优的十大利器

其原因主要包括以下五个方面：一是教师"一言堂"习惯了，没给学生留时间提问；二是中等生怕问错了没面子，不敢提问；三是中等生没有养成课堂大胆提问的习惯；四是中等生不知从何处着手，不善于提问；五是一些中等生本来也想提问，他们把手举起来，可老师怕他们耽误课堂时间，因为如果他们问错了还要详细讲解，所以老师只回答优等生的问题，而忽略了中等生。

初三（2）班的教室里，成绩位于中等的学生李秀同年级尖子生袁野同桌。由于袁野各科成绩都很优秀，每堂课上，老师都把他作为提问重点，这使李秀既羡慕又自卑。

一次李秀过生日，在北京读研究生的表哥给她寄来了生日礼物，那是一本书，名字叫《哈佛女孩刘亦婷》，她一口气读完了，并受到了很大启发，决心要像刘亦婷那样努力学习。之后，李秀开始发奋努力，上课认真听讲，课后抓紧复习，虽然成绩短时期内没有显著的提高，但她的学习劲头很足。

一次上级领导要来听课，老师事先设计好了课堂程序，也就是将提问哪个同学，让他们事先做准备。当然，老师安排回答问题的都是平时的尖子生，也就是说，没有李秀的份儿，但她的同桌袁野是跑不了的。

那是一堂李秀非常喜欢的语文课，老师安排的问题李秀都能回答上来，经过思想斗争，李秀找到了语文老师，表达了自己也想参与回答老师提问的愿望，可语文老师却说："你行吗？这可是一堂很重要的课，你还是下次再说吧。"听了老师的话，李秀沮丧地回到了座位上。

家有中等生

下面是一位中等生的自述。

14岁那年,我转学到城里一所教学质量不错的初中读书,准备从那里"冲"进重点高中。可是,我很快便如一块毫不起眼的石头,被淹没在五彩石中间。有一天,教地理的张老师宣布要参加市里的教学能手公开课,他把我班七八个"优秀生"带到办公室,他们成了公开课上面对评委的人,成为替老师争面子的人……

地理公开课那天,教室里的空气与众不同。那些使命在肩的同学个个精神抖擞,中等生一副事不关己的样子,而后进生则在课前早已被调教得服服帖帖,张老师的课按照预演的程序顺利进行。在复习巩固这一环节时,张老师问谁能回答某个问题,我突然决定试一把,于是我把手高高举起,醒目地高出那些内定者的手臂。可能是老师紧张,他竟然没有叫出任何名字,只是朝我的方向指了指说:"你。"我明白,他指的是我前排的大伟!就在大伟还没反应过来时,我立即起立大声说:"老师,您是在叫我吗?"大伟和张老师瞬间的反应让我明白了自己的判断,在张老师还慌乱地点头的时候,我已镇定地说出了题目的答案!

这堂课后,张老师真诚地向我表示了指定人选的做法是不妥当的,而且他很佩服我的勇气。张老师还告诉我,从我身上他突然明白了一个老师最容易忽视的道理:要想公正地对待每一个学生,首先要消除给学生分档次的观念,要学会用发展的眼光看待每一名学生。

第四章

爱拼才会赢：中等生成绩变优的十大利器

女儿依依自上学以来学习成绩一直很好，因为"吃不饱"就不断跳级，每次跳级后，孩子的学习成绩都会回落到中等甚至是中下等，然后再奋起直追到中上等、上等。无论是跳级前的上等，还是跳级后的中下等，孩子在课堂上都积极发言。她在自己的新书《范姜国一的快乐初中》里曾写过一篇《我要发言》的文章，介绍了她的课堂生活。

很多同学不喜欢举手发言，而是等老师点名叫起来回答问题，被叫到就自认倒霉，极不情愿地站起来回答，而没被叫到就在底下偷偷庆幸。可是躲得了初一躲不过十五呀！我猜不愿意举手发言的同学们可能是害怕答错了老师的问题而在同学面前丢脸，也有可能是不敢面对答错后老师的面孔以及老师严厉的批评。因此，上课时常常会出现这样的局面："这道题怎么答呀？"老师看着我们问，可是同学们没有一个做出任何反应，而是像没听见一样，继续看书……

而我偏偏例外了。每次几乎没等老师把问题说完，我就抢先把手举得老高，为的就是让老师看到我，进而让我来发言。

从幼儿园到小学再到初中，我就是这样一路走来。

初二时一天的物理课上，老师在讲一道实验题，题目是：请用玻璃杯、小灯泡两个、水若干、电源一个、导线若干、铅笔、橡皮泥一块、电流表一块中的任意材料，进行实验来证明所学过的概念或定理，要求说出实验过程、实验现象和结论。老师读过题后有很多男生举手要求回答问题，却没有女生举手（我当时正在审题），可能是女同学都比较害羞吧。于是老师叫了其中的两个男生，他们分别用电流表、导线、灯泡、电源

家有中等生

和橡皮泥、铅笔，证明了串联电路各部分的电流相等，以及当压力相等时，面积越小，压强越大。可是当两个男生都回答完毕后，还是没有女同学举手，这时物理老师说："我就不信女同学比男同学差，这回我不叫男同学了！"

这一句吓坏了很多女同学，但是喜欢物理的我一下子举起手来，老师高兴地叫了我，我站起来镇定地说："我选用的是铅笔、玻璃杯和水，首先把水倒进玻璃杯，然后用铅笔敲打玻璃杯的外延部分。现象是发现水产生了微微的波纹，说明一切发声的物体都在颤动。"语音刚落，老师带领同学们响起了稀稀拉拉的掌声，老师说掌声不够热烈，我的发言在同学们的掌声中结束了，可是我还不明白老师为什么鼓掌，老师说："用简单的工具和简练的操作来证明概念，这是最好不过的了，不仅不易出错，还会给人清爽的感觉！"

成功和失败是一对形影不离的好朋友，所以我的每次发言未必都能得到老师的赞赏。但是不管成功与否，发言都是一件让我很喜欢的事情，因为不管对错，总是能听见老师的点评。就算自己的答案错了，起码可以知道自己错在哪里，所以要对自己有信心，才能拥有举起手的勇气，心中要始终想着——我要发言！

鼓励中等生主动大胆提问

孩子不愿提问，原因通常有两种：一是孩子性格内向；二是学习成绩不太好，怕回答错误。想要解决这个问题，就需要老师和家长的共同努力。在家里，家长要多鼓励，引导孩子发表对某事的看法，说对说错没关系，多表扬少说教。孩子回家，要问他在课堂上表现怎么样，如果很好，就及时鼓励。这样，慢慢就会提高孩子的积极性和自信心。

在课堂上，老师更应该鼓励孩子们多发言，多提问，尽量照顾到每个学生，不要只提问优等生，歧视中等生。可以让优等生回答难的，让中等生回答稍微容易些的。针对不爱发言的孩子，家长要和班主任或任课教师多接触、多交流，家校共同努力，才能把孩子培养好。

家长和老师首先要让孩子形成一个认识，那就是，**谁在课堂上提问，谁就会得到别人的尊敬；谁提的问题有难度，就证明谁进行了深入的思考**。以此来鼓励孩子们大胆地向老师提问，向老师挑战，向教材挑战，允许他们在任何时候提出任何问题。

◎ 用赞扬肯定中等生的提问

老师要满腔热情地接受和喜爱中等生提出的"问题"，使孩子们在和谐的气氛中、愉快的心情下主动学习，使他们成为"心灵充满欢乐的人，抬起头走路的人"。凡是能提问题的学生，都有他自己的想法；凡是问题中的合理成分都要给予肯定，对不合理成分要用积极的态度挖掘出闪光点。"少一些不准，多一些允许"，尽量消除孩子们的紧张感、压抑感和焦虑感，让他们在课堂上能够"自由地呼吸"，在课堂上敢想、敢说、敢做，充分发表自己的见解。

对于孩子的提问，要看到其闪光点。只要有一点可取之处，就要给予肯定。对于孩子提出的问题，无论是难是易，或深或浅，家长和老师要表现出足够的尊重,并且要真诚地赞扬,这样才能使孩子从提问中获得成功的体验。

复习里的小窍门

孔子说:"学而时习之,不亦乐乎?"复习在学习过程中是一个很重要的环节。复习就是在学过新知识后,及时对学过的知识加以温习巩固。

复习的目的,当然是和遗忘作斗争。德国心理学家艾滨浩斯创制的"遗忘速度曲线"表明,遗忘是有规律的,即先快后慢,刚记住的东西最初几小时内遗忘速度最快,两天后遗忘就比较缓慢。因此,要巩固所学知识,必须及时复习加以强化,并养成习惯。

但是,复习并不等于简单重复,并不是刚刚学过的课文,就要孩子反复朗读;刚刚学过的单词,就要孩子反复地抄写……复习是一个融会贯通、梳理整合、归纳总结的过程。在这个过程中,孩子需要在记住所学的基础上,进行联想、引申、提炼、归结、升华,使得所学的知识系统化、规律化、结构化。因此,复习不是一个简单重复,而是一种创造性的学习。

让中等生认识到复习的重要性,教他们一些科学的复习方法,然后通过强化使其成为习惯,这对他们向优等看齐、取得更好的学习效果非常有益。

第四章
爱拼才会赢：中等生成绩变优的十大利器

◎ 复习一定要趁热打铁

心理学家对遗忘现象研究发现，人们对学到的新知识，一小时后只能保持44％，两天后只留下28％，6天后只剩下25％。数据表明，知识刚学过之后，遗忘特别快，经过较长时间以后，虽然记忆保留的量减少了，但遗忘的速度却放慢了。即**遗忘的规律是：先快后慢，先多后少**。针对这一规律，家长对孩子学过的新知识，要"趁热打铁"，让他们抓紧时间及时复习、巩固，不断强化记忆。

要告诉孩子，当天课堂上学过的新知识，当天课后要及时复习再复习，绝不能只把老师布置的书写作业做完了事，应看看书，理一理知识的脉络，该背的要背，该写的要写，该想的要想。

每天孩子从学校回来都学了一些新东西，家长可以要求他们先复习当天所学的内容，复习之后再做作业。还可以告诉孩子，每天晚上睡觉前想一想："我今天都学了什么？"然后在头脑里把这些东西过一遍。

◎ 采用不同的复习策略

除了上面讲到的及时复习之外，正确的复习方法也是中等生提高成绩的关键。

如果有60分钟的复习内容，是让孩子一下子复习完，还是分成几段间隔复习呢？根据心理研究表明：分散复习要比长时间的集中复习效果好。所以，不妨让小学低年级的孩子每次复习20分钟，高年级和初中的孩子每次复习30~40分钟，中间休息之后再复习，这样孩子就不会疲劳，复习的效果也会更好。

当孩子同时面临几门课程的复习任务时，最好采用交叉复习的方式，比如先复习语文，休息后换成数学，再之后又变成英语，这样复习的好处是避免孩子产生厌倦心理。长时间用同一种方式复习，效果不好，可以多种方法并用。比如复习语文，可以让孩子以朗读、背诵、默写、造句、写作文等不同的方式变换进行。复习数学，就可以让孩子看书、记公式、做练习题（计算题、应用题），而且习题也要注意变化题型。

根据复习时间的长短，也可指导孩子采用不同的复习策略。如果时间很宽裕，可以让孩子从头至尾将书过一遍；如果时间紧迫，再平均分配时间显然不合适，就得重点复习薄弱环节。

◎ 应用是最好的复习方法

很多老师和家长都认为，复习就是捧着书本和作业本，其实不然，有一种最好的复习方法就是应用。学的知识是要用的，不应用就等于白学。将所学的知识及时应用，不仅可以将知识直接转化为实际价值，而且也是一种很好的复习方法，通过实践应用可以使孩子们更好地领悟，同时加深记忆。

女儿依依就是这方面的受益者，无论是语文、数学，还是化学、地理，孩子学过了当天放学就要检验一下所学知识的实际用处。通过检验，不仅为她解决了生活的难题，还加深了理解、巩固了记忆，学习成绩也不断上升。

寻找偏科的根源所在

在中等生中，有这样一些同学：他们某几门科目学习和掌握得很好，甚至在全班或全校都是名列前茅，但某一两门科目却处于中下水平或更低，这使他们的总成绩位于中游水平，这些同学就是典型的偏科型中等生。

人的知识结构有一个科学的构成成分，其中的某一部分过分偏低，另一部分也容易受影响。就说数学吧，数学是大脑的体操。经过数学操练的大脑，不仅条理清楚，而且推理能力极强，这对文科学习不仅没有影响，相反有很强的促进作用。反过来说，语文成绩优秀的学生，对数学题的分析也会比一般学生更精明。因此，中小学阶段的孩子要尽量避免偏科。

偏科的原因有很多，他们有的是因某一次被科任老师或家长打击自尊，不喜欢该学科；有的是学习方法不对，感到学习困难，丧失兴趣和信心；还有的孩子是因学习疲劳或者父母啰嗦、督促太多形成对该学科的反感等。

明明是个中等生，今年初三了，由于初一初二时没有好好学习，基础很薄弱，尤其是语文和英语，从小学起就比较差，到了现在语文老师让写一篇600字的作文，他憋一天才写出300多字，而且很多语句还不通顺。为此，他的学习积极性受到很大打击。家长想帮帮他，比如找老师给辅导一下，但是每

家有中等生

次跟他提到学习,他总是很烦躁地说不用管。

明明从小喜欢读书,尤其喜欢科学,经常让家长帮他订各种科学杂志看,说是将来最喜欢搞科学研究。对于孩子的兴趣家长很支持,但明明现在的成绩就是个中等水平,考高中有一定难度,就是考上了在班里也将是倒数,家长为此很困惑。

杨磊现在读小学六年级,偏科厉害,从小就不喜欢数学,语文在班上一般,英语却很棒。

杨磊从小就表现出对语言的非凡理解能力,语言表达一直很好,词汇也比同龄人要丰富几倍,这源于他从小爱听故事。上小学三年级时,杨磊迷上了英文,原因是英语老师说他发音准确,音质很美,在班上经常对他进行表扬,因此,他的英语也就经常得100分,语文也八九十分的样子。可一提到数学,杨磊的老师和家长就头痛。按理说杨磊的智商是很高的,平常说起什么都头头是道,可他偏偏说数学难。

原来,在杨磊上小学一年级时,第一次数学考试后妈妈打过他,因为他只考了80分。杨磊的妈妈打他不是因为嫌他成绩差,而是因为他态度不好,懒惰、怕困难、遇到难题就想开溜。可那一打,却导致杨磊怨恨起数学老师来,说数学老师经常拖堂,不让他下课玩,上课也从不像英语老师那样开电脑玩学习游戏。

杨磊曾经对妈妈说过一件事。刚开学不久的一次课上,数学老师说:做对的举手。他说全班50多个同学都举手了,只有自己没有举手,因为自己做错了。当时老师说:怎么就你一

第四章
爱拼才会赢：中等生成绩变优的十大利器

个人错呀？结果杨磊爱面子，老师这样一说，他认为自尊心受损，在同学面前丢了面子，从此就不喜欢数学老师了。知道此事后，杨磊的妈妈找了一趟数学老师，希望老师能找孩子谈谈话，当时老师答应得好好的。

可半年过去了，老师一次也没找杨磊谈心。妈妈只好自己鼓励孩子，但他依然对数学不感兴趣，明明会做的，也不认真做。他还得意地说：我做英语题可认真仔细了，因为英语老师太好了！他还哭着要妈妈去学校找校长，要求换掉数学老师，杨磊的妈妈很无奈！

我们要让孩子明白，所有"短板"都不是与生俱来的，我们是有办法补上这块"短板"的，前提是家长要为此付出心血，孩子也要为此付出努力。家长和孩子联手，"薄弱"可以变成"强项"。女儿依依最初对写作文没啥兴趣，很苦恼写作文，后来我建议她把跳级后写的日记，整理一下投寄出去，结果被《长春晚报》发表了，由此孩子对写作文以至语文学习产生了兴趣。现在这一当年的"薄弱"，已经成为她的"强项"，不断发表的作品，印证了东子的这一方法。

◎ 偏科首先是心态问题

偏科首先是一个心态问题。

有的孩子某个科目总是学不好，久而久之就对这个科目产生了恐惧心理和排斥心理，成绩也就越来越下降。一些孩子刚刚进入初中，感觉距离升学还十分遥远，既没有感受到学习的压力，也没有认识到偏科给自己未来升学带来的负面影响。因此，家长就应该想办法让他们在思想上重视起来，多诱导和启发他们，同时也可让他们与高中乃至大学的大哥哥、大姐姐多接触多交流，了解一下今后大致的学习状况，或许会使他们意识到偏科的危害，进而从态度上重视起来。只有他们自己内心想学，才能真正学好这一门功课。

女儿依依刚上高中后，由于老师的忽略而对语文失去兴趣。通过与孩子的再次谈话，我得出了这样一个结论：缺乏沟通，导致恶性循环。老师认为孩子一般，是不上不下的中等生，由此冷落依依。由于受到冷落，孩子的学习积极性受挫，由此失去了学习兴趣，最终导致成绩下降……

最后，我让依依主动找语文老师沟通，说出自己的想法，以后多向老师请教。同时我也告诉孩子，不是每个老师都能如我们想象的一样，一是性格有差别，二是教育思想有差别，但是无论怎样，你主观上要一如既往地对所学科目有兴趣，并投入热情，因为我们要知道一个理：你不是在为别人学习，而是在为自己努力。

孩子会因为不喜欢某任课老师而引起偏科。那么我们就要告诉孩子：在漫长的人生道路上，你会遇到很多人，并不是你身边的每一个人都能让你认同和接受，有些人会与你格格不入，他的每一种行为都让你觉得讨厌。这本是无可厚非的，可是这个你不喜欢的人恰巧是你人生道路上很重要的一个人，比如他就是向你传道授业的老师等。你可以不接受他，但你没有权利改变他，你们是合作关系，各取所需，除此之外无论是积极对抗还是消极抵抗，都只能说明你还太年轻、太冲动。

偏科也是兴趣问题

孩子偏科也可能是由兴趣差异造成的。兴趣是学习的动力，孩子往往重视感兴趣的学科，轻视或不学讨厌的学科，如果对某门学科兴趣较强，就会对其产生学习动力，也能主动积极地去学这门课；反之，对某门学科兴趣弱或没有兴趣，他们自然不愿把工夫下在这门课上。

因此，**处理偏科的一个主要方法是，培养孩子对各个科目的兴趣**。如语文就应该扩大阅读量，有些好的文章甚至要背下来；外语则要扩大词汇量和提高阅读速度，强化听说训练；数学则要多做些题目，可以从易到难……这样一段时间以后，孩子有了信心，兴趣会慢慢培养起来。

理性思考短板原因

比如说，孩子的一次考试成绩不够理想，我们家长不能只是笼统地评价孩子的成绩高低，那是模糊的，而是要弄清楚孩子到底是什么知识没有掌握，是哪些原因，到底哪里出现了问题；我们也不能只是要求孩子努力刻苦，而要与孩子讨论解决这些问题的具体方法。其实卷子已经经过老师的批改，问题是很清楚的，也是很具体的，错误的原因，孩子自己应是很清楚的，只是需要家长和孩子具体地面对和客观地分析。

尤其是在如何解决问题上，我们更应该和孩子讨论具体可行的解决方法。比如说，英语单词量记忆不够，那么，如何记住那些该记住的单词，就是一个很现实的问题；数学解题思路不清楚，那么，如何弄清这种类型题目的解题思路，就是一个很具体的问题。我们只有把这些具体的问题逐一解决，孩子才能从中找到学习的感觉，才能逐步从学习的低谷中走出来。学习是不可能"心想事成"的，必须脚踏实地、反复练习、形成规律才能掌握的。

做题考试不是唯一

如今，中小学校的老师满脑子装着升学率和考试范围，所以他们在授课的过程中往往懒得扩充知识面，只是在考试范围内引领学生掌握相关知识，多讲一点都认为是浪费时间。

记得一位当中学教师的朋友曾经对我说，他刚毕业那年，感触最深的就是，只要他一讲点考试范围以外的知识，有的老教师就会说："这又不考，你讲它干什么？"当他看到班级中有很多成绩中等的孩子作文写不好，提出让他们多阅读一些课外书的时候，其他老师一致认为他傻："练习写作是个长期的功夫，有那时间，让他们多背点单词，多做几道题，考试时班级的平均分还能提高点……"

很多孩子从上学的第一天起，就被灌输一种思想：考高分才是学习好的表现；必须按标准答案答题；知识面广不广没关系，不影响将来考大学就行。所以，孩子们披星戴月，废寝忘食地做题、补课，可除了死记硬背的一些概念定理、单词句型外，真正的知识没有掌握多少，特别是一些中等生，努力来努力去成绩还是原地踏步。

其实，学习绝不可"盲学"，除了要学好课本知识外，更要多接触生活，了解课外知识，课内外结合才能取得好成绩。

由此可以看出，知识不是公式、定理和书本现成的答案，而是我们如何运用它的能力。

所以，我们要让孩子多到实践中学习，尝试着用所学知识解决各种问题，并在实践中收获更多的知识。

● 多读课外书扩大知识面

如今，不少中小学生家长由于观念陈旧，只限制孩子读与课本有关的书籍，而对课外书则一律禁止，这势必影响孩子的视野，使得孩子的知识面狭窄，分析问题能力欠缺，写作素材匮乏。

读课外书还有助于提高孩子的学习兴趣和积极性。中等生的学习方法单一，在学校他们主要依赖老师、教材和课堂，这在一定程度上限制了他们学习的主动性和创造性，而多看喜欢看的课外读物，则能提高他们的学习积极性，使他们主动认知、主动吸收知识和掌握知识，并积极运用这些知识开动脑筋去思考问题、分析问题、解决问题，从而有效地培养和确立主体学习意识，使他们从依赖型学习向主体型学习转变。

● 多给中等生提供在实践中学习的机会

有人想成为演讲家，于是买来一摞一摞的理论书籍，潜心研究如何演讲，结果理论知识、"要领"、"须知"掌握了一大堆，可是从未张嘴演讲过，所以他永远也成不了演讲家。

学习亦然。**只有在实践中摸索获得的经验和技能，才会真正成为孩子们自己的经验和技能，才会真正运用于学习中。**要让孩子们懂得，知识不仅仅是"知道"和"牢记"，更重要的是要运用。

家有中等生

女儿依依在《范姜国一的快乐初中》里写道：

一天晚饭后，我自告奋勇地去刷碗，我将碗放到锅里后，打开水龙头，水哗哗地流着，我细心地刷着一只只碗。锅里的水淌满后，水向池子里溢出，由于锅压着了排水口，等我碗刷完了，池子里的水也快满了。这时我想将锅拿起来刷刷，可是我费了九牛二虎之力，也没能把锅抬起，我以为是锅里的水太多太沉的缘故才抬不起来，我就用水舀子把锅里的水全部舀了出来，可锅还是纹丝不动，我有些不解了：锅都空了，为什么还拿不起来呢？

猛然间，突然想到刚学的物理知识，对，是水压在作怪。老师曾说过，水压是个大力士，它甚至可以将一块由一米厚的铁做成的盒子压瘪！看来我可惹不起。于是，我改变了策略，不使蛮劲，而是智取——不硬抬，慢慢挪，水压如同失去能量般，一点点没了力气，我轻而易举地将水放走，将锅"拯救"了出来……

第五章

隐形的翅膀：
让中等生飞得更高的八个秘诀

一定要克服自卑心理

所谓自卑心理，是指对自己的能力、心理品质做出偏低的评价。通常这种评价不符合本人的实际情况，常表现出缺乏自信、悲观失望、自忧自怜、烦恼苦闷等心理状态。因此，自卑心理是一种消极的心态和不良的心理状况，为数不少的中等生具有这种心理问题。

孩子自卑心理的产生有多种原因，主要有以下几种：

①长相不好看。武汉大学社会科学研究所，曾对武汉城区数所中小学进行了抽样问卷调查。接受调查的学生有300人，年龄从8岁到16岁。在调查中，有160多人感到自卑，其中100多名学生坦言，长相不美是自己自卑的最主要因素。这些学生表示：平时同学没有夸过自己的相貌，就连家长也从来没有肯定过自己的长相。

②学习不理想。学习不理想是孩子自卑的又一大原因，而学习不理想的孩子中，除去少数后进生，大多数是学习处于中游的中等生。有个孩子说："面对考试一次又一次的失败，我失望了。路在我的眼前消失了，代替它的是一堵墙，我觉得我生活在这个世界上是一种罪恶……"

③家长常打击。父母对孩子的批评指责过多，使孩子感到自己一无是处。有的父母批评孩子的话太"绝"，如"你一辈子也改不了这个缺点"、"你学习这么差，长大了肯定没出息"、"再没有比你更差的了"……家长一时生气说出的这些话，让孩子感到自己没有希望了，于是便会产生自卑。在现实生活中，中小学生得到的负面评价，有70%来自家长。

家有中等生

④家庭条件差。一些孩子由于家庭出身贫寒，父母是农民或者城市下岗工人，生活条件拮据，看到同学上学放学有车接车送，穿名牌服装，吃高档零食也会产生自卑心理。

另外，**老师对少数心目中的优等生日益产生的偏爱，对多数中等生来说是一个沉重的压力，会使他们的自卑心理日趋严重。**

在从事教育研究的工作中，东子发现很多中等生存在着不同程度的自卑心理。严重的自卑心理如不及时矫正，将会造成心理问题，对他们的学习、生活和健康都会有很大的危害。

初一下学期，由于父亲从部队转业到地方，王小明也跟随父母从山东一个县城转学到了长春的一所初中就读。王小明聪明伶俐，从他在山东就读的成绩单来看，他的成绩属于中等偏上。小明的爸爸妈妈认为这个成绩还可以，男孩子有潜力，以后自己会跟上的，所以除了托人让小明进了一所重点中学外，平时对小明也没多加注意。

后来，老师渐渐发现，小明的性格有些孤僻，和同学也不太合群，有时一天也不说一句话。他在课堂上从来不举手发言，而且眼神呆呆的，有时出神地盯着老师看，但老师问他问题，他又答不上来。再后来，王小明越来越自暴自弃，学习成绩渐渐徘徊在及格线上下，还经常违纪逃课。

一次正好期末考试，王小明又逃学了，班主任老师找到家长，向他们汇报了小明在校的情况。想想为了让儿子进重点中学，夫妇两人险些花光了转业费，小明的爸爸妈妈既气愤、吃惊又觉得无助，但他们还是拖着疲惫的双腿到处找儿子，终于

第五章

隐形的翅膀:让中等生飞得更高的八个秘诀

在一位同学那儿找到了他。后经了解,原来小明由于普通话讲得不好,一口山东地方口音,平时只要一开口,其他同学就会嬉笑着模仿,而且还给他起了个"山东棒子"的外号,这使他非常郁闷,由此学习成绩下降并开始厌学。

听了孩子的话,早先的气愤被怜爱所代替,妈妈拿出手帕,让小明把眼泪擦尽,一边安慰他,一边又严肃地告诉他不能自暴自弃,更不能擅自逃学。于是,家长和老师进行了沟通,老师答应找那些给小明起"外号"的同学谈话,帮助他们建立友谊,相互学习,共同进步。

王安是一个13岁的初一男孩,由于幼年时的一次意外事故,左脸颊上有一块非常明显的伤疤。据王安的妈妈讲,王安小学时并不怎么在意这块伤疤,他聪明伶俐,活泼好动,每天放学后都同一帮小朋友在院子里疯玩,不叫不回家。

但随着年龄的增长,到了初中后,他明显意识到了自己的缺陷,产生了严重的自卑心理,变得不愿和同学接触、沉默寡言,不愿参加集体活动,每天放学后就呆在自己的房间里,就是家里来了客人也不愿意出来打个招呼。

由于受这种自卑心理造成的不良性格的影响,王安的学习成绩也越来越不理想,由优等生变成了中等生。妈妈看到这种情况心中非常焦急,于是找到了儿子的班主任老师寻求帮助。为了帮助王安矫正性格缺陷,老师主动与其接近,找其谈心,经过多次接触了解到,原来王安就是觉得自己脸上的伤疤很难看,觉得别人看自己的眼神中充满了鄙夷,认为别人都看不起

家有中等生

自己，所以，不愿与人交往，不愿参加集体活动，不愿到人多的地方去，上课也不愿发言，怕别人注意到自己，注视自己脸上的伤疤……

自卑畏怯的心理，孩子幼儿时都不同程度地存在着，但大部分孩子在幼儿园和学前班阶段都能顺利地走过来。上了小学后，由于年龄的增长和阅历的增加，大部分孩子都会变得大大方方。可现实中有一些孩子，虽也具备了一定的实力和优势，但面对激烈的竞争，却觉得自己这也不行，那也不如别人，自卑的心理使得自己缺乏竞争勇气，缺乏自信心，当学习上一旦遇到了困难，或某次考试没考好，便缺乏心理上的承受能力，觉得自己确实不行，从此自卑畏怯起来。

帮助中等生正视自己

俗话说"金无足赤，人无完人"，每个人都有长处与短处，我们要告诉孩子既要看到自己的长处，也要正视自己的短处。

有个念初二的女孩，学习成绩非常好，但是一直因为自己的长相一般而自卑。这个年纪的孩子都进入青春期了，而她越来越嫉妒那些漂亮的同学，对于那些成绩好又漂亮的女生更是愤恨。这个女孩性格很内向，没什么知心朋友，有了苦闷一般没人可发泄。她的父母拼命赚钱却不懂得关心她，在乎的只是她的成绩。她总觉得自己是多余的，曾几次想过轻生。她怨父母没有给她一个好的容貌，认为做人没有意思，不如趁学习成绩好，给人留下一个好印象而告别人生，求得解脱。

自卑往往是因为缺少了自信，或对于自己的某个地方不满意。所

第五章
隐形的翅膀:让中等生飞得更高的八个秘诀

以,我们做家长的要了解孩子,关心孩子,帮助孩子,而不要打击孩子。告诉孩子看待事物的角度不同,所看到结果就会相差迥异。应客观地看待事物,包括对人的认识,尤其是对自己的评价。**首先家长要用客观的眼光审视我们的孩子,就会发现孩子身上有许多被忽略的优点,然后再告诉孩子正视自己,扬长避短。**

● 体验成功提高自信

女儿依依是个自信的孩子,但也不是没有自卑的时候。

就说孩子的英语吧。虽然依依小时候英语不错,但是由于不断地跳级加之更换学校(因为孩子随我旅居生活),到初中毕业时,英语被同学落了一大截(单指理论学习,孩子的口语一直还是不错的)。到了高中,虽然其他几科不错,但受英语的"牵连",使她成了中等生,由此孩子心生自卑,尤其是感到无颜面对英语老师。

英语老师得知情况后,不但没有冷落依依,还让她做英语科代表,来增强她学习英语的信心并给她更多锻炼英语能力的机会。单说依依的英语作文水平,最初,依依在英语老师的建议下开始练习写英语作文,提高英语作文水平。因为依依的英语基础不好,所以当老师第一次看到依依写的难以修改的作文时,老师提议依依应先练习英语造句。在老师的鼓励下,依依坚持每天都造十几个句子,然后去办公室找老师批改。经过老师的耐心教导和依依的不懈努力,依依的作文水平从最开始的"难以修改"到后来的"错误极少",有了很大的提高。听孩子说,截至两个月后的期末考试前,依依已经造出了三百多个句子,并且在考试中她的英语作文成绩有了很大的飞跃。

孩子正是在一步步体验成功中，不断提高自信，日益成长的。

要学会调整抑郁情绪

抑郁情结对中等生的消极影响是深刻的，所以必须引起家长的高度重视。中等生之所以会产生抑郁情结，既受他们个性意志等心理因素的影响，同时也受社会、家庭等外在因素的影响。

事实证明，中等生产生抑郁心理的概率和严重程度以及对他们造成的危害程度，都要高于优等生和后进生，其原因就在于他们是中等生。相对于后进生，他们有更大的学业和精神压力，更高的自我期望，更多的劳动付出。相对于优等生，他们表现平平，学习基础、能力等又逊色不少。因此，他们在学习和生活中更容易产生挫败感，产生自我无能感，由此陷入自轻自贱的抑郁情绪中。

王华是一个学习刻苦、基础较好的学生，但性格内向，思维反应较慢，平时就显得自卑，她不善言谈，不引人注意，不喜欢与人交往。

王华在初一升入初二时，以优异成绩分到重点班。进入重点班后，出现心情抑郁的状况，主要原因是学习成绩下降。她曾反复对家长说"不想上学"，在家每隔两三天就要哭一次，家人无法哄劝，有头疼、失眠、胸闷、厌食、腹泻等不适症状，一天有时只吃一顿饭，在墙上乱涂乱画，用纸剪出一个大大的"死"字，时常晚上在家既不写作业也不睡觉，长时间

第五章

隐形的翅膀:让中等生飞得更高的八个秘诀

呆坐。考试失利后用小刀划自己的手背,喜怒无常,不知什么时候就发脾气,对任何事物都无兴趣,情绪非常低落,总想回到原来的班级。

王华的父母对孩子的学业要求非常高,特别是孩子进入重点班后更是喜出望外,在家里什么都不用她做,只要学习就行。王华有个表姐,去年考上了清华大学,表姐曾为了学习放弃了一切娱乐时间。成功的姐姐对她的触动极大,"只有像姐姐那样,不浪费任何时间地学习,才能考出好成绩,才能考上大学",王华不时地提醒自己,这无形中又给自己增加了压力和负担,使其抑郁情绪更加严重。

王华曾向老师叙述了她的忧虑:"同桌是全班第一名,每当看到她学习时,我就很着急,于是也拼命学。可一回到家就学不下去,晚上学不下去,就想早上学,可早上又起不来。我经常无法解释地想哭,常坐着发呆,在家经常乱发脾气。我觉得活着一点意思也没有,什么都不想做,好怀念以前的班集体。现在我的成绩不好了,父母唠叨我,我很难过。怕到学校去,怕考试,我该怎么办?"

有一天晚上,女儿依依放学回来,吃晚饭时孩子流露出抑郁的神情,于是我忙问她遇到什么不开心的事了,她说:"今天老师说,过几天的期中考试后,考不好的同学还要回原来的班(平行班),她希望我们都能留在这个班(重点班)里,但是提醒我们其他的几个平行班(普通班)的同学,为了进重点班正在努力拼搏。"孩子为此担心,万一这次考砸了再回到

家有中等生

原来的平行班。新学期文理分科时,依依以十几分之差被分到了平行班,一个月后的月考她以全班第二名的成绩考进了重点班,综合成绩位列班级中等略偏下。

闻及此言,我及时为孩子减压疏导,告诉她我的一贯政策:考好考赖无所谓,在重点班和普通班也无所谓,只要你尽力了就可以。只要主观上你付出了,没有虚度年华,至于客观上结果怎样,那都是无所谓的事情。再一点,不要勉强自己,开心快乐很重要。如果不开心,压抑着自己,即使总考第一也没啥意义。听了我的话语,在家开心地玩了一天后,依依开开心心地去上学了……

● 疏导化解中等生的抑郁情绪

学习压力、与同学老师的冲突、受到批评指责、父母婚姻出现问题等不愉快的生活事件,都是引发中等生抑郁的重要原因。**很多抑郁的中等生都表示,自己曾经有被忽略的经历**。"被忽略"引起的恐惧、焦虑和愤怒,是导致抑郁的重要因素。在孩子的心灵世界里,他会问自己:"老师为什么不喜欢我?""我为什么就不如那些前10名的同学?"在等待、要求、努力而未果之后,渐渐长大的孩子会变得很失望,并转向攻击自己。

作为孩子最亲近的人——父母,最容易发现孩子的情绪变化,关键是要重视。如果发现以下一些信号,一定要提高警惕:孩子的情绪变得十分暴躁,经常发脾气甚至摔东西,并扬言不想再念书了;持续一段时间地自卑，对以前感兴趣的事物和活动失去兴趣；人变得木讷迟钝，独来独往，郁郁寡欢；胃口不好，失眠，身体频频不适等。

家长和老师如果发现孩子出现异常情绪的话，不要轻易下结论，要倾听孩子的想法，帮助他一起分析，弄清楚事情的真相后再决定如何处理。家长和孩子单独吃饭，饭后的散步、短途旅行，老师抽时间找孩子谈谈心等，都是走进孩子心灵的好方法。如果家长无法调节孩子的抑郁情绪，则需请心理咨询师加以解决。因为及时给这些孩子以心理疏导，可以帮助孩子尽快恢复到正常状态。

● 有意识地与中等生缩短距离

没有哪个孩子不希望亲近爸爸妈妈，获得家长的喜爱。然而由于诸多原因，爸爸妈妈常常忽略孩子的心理感受，老师也常常使学生望而生畏。特别是中等生，他们往往怕这怕那。他们长期被家长忽视，因此缺乏应有的关心、爱护、教育和培养。所以，家长要有计划地关注一下默默无闻的中等生孩子。关注的形式很多，一个眼神、一句话、一个动作，都要纳入到家庭生活的方方面面，要与孩子有意识地接近。

孩子放学回家后，家长关切的问候，会使孩子感到温暖，使他们愿意把在学校一天的喜怒哀乐向家长诉说。就是这鼓励的眼神和随意的聊天，可以拉近家长和孩子的距离，使孩子在以后的课堂上再也不默默无闻，真的活跃起来，学习也会有很大地进步。我们要随时发现孩子们小小的进步，说一句"做得好"，为他们的表现喊一声"加油"……一点一滴，他们都能感受到家长的关心，逐渐产生对家长的依恋与信赖，抑郁情结会渐渐减弱直至消退。

家有中等生

竞争意识要逐步树立

在当今社会，竞争已不断地渗入了各个领域。无论是商界还是官场，无不充满着激烈的竞争，人们在竞争中谋生存求发展，以期获得高质量的生活。有人曾这样说过："一匹马如果没有另一匹马紧紧追赶并要超过它，就永远不会疾驰飞奔。"

每一个人从小就开始处于竞争之中，从小学升入初中，从初中考入高中，从高中又考入大学，到踏入社会参加工作，无不经过竞争。人要想更好地生存下去，就要参加竞争。对于我们每个人来说，生存和竞争都是残酷的。只有懂得生存，学会竞争，我们才能更好地存活于世。

尽管中等生中不乏有人有较强竞争意识，比如当看到优等生同学学习成绩好时，自己也暗暗铆足了劲，希望下次也考个好成绩；当看到别的同学入了团时，自己也交上了入团申请书……这是积极的一面。但我们也不可避免地会看到，大部分中等生心中无目标，努力没方向，有的甚至还有这么一种思想：某人比我还差呢。话语之间常透露出"我已经不错了"这么一种自我满足的想法。

广大中等生往往存在着"比上不足，比下有余"的惰性心理。他们思想上"不求有功，但求无过"，总觉得自己在班级中的位置无足轻重，这种存在决定了他们的意识。他们尽管主观上也愿意参加集体活动，但活动中往往缺乏竞争意识，行为从众，认为反正老师和同学也注意不到自己，因此，既不做榜样，一般也不会掉队。

针对中等生的这一现象，家长有责任引导他们树立竞争意识。"今天我要比昨天好"的自我比赛，就是一种竞争意识的培养途径，能促进孩子天天进步。也可运用故事进行教育，收集身边力争上游的典型人物的先进事例教育广大中等生，还可以创设情境，给孩子们提供比赛的机会，让孩子们在比赛中体验竞争，学会竞争。

● 教育中等生追求公平竞争

充满竞争的社会大环境，能极大地激发孩子的竞争意识和开拓进取精神，但过度的恶性竞争，容易使孩子为了取得竞争优势而采用违背道德规范的不正当行为。因此在培养孩子竞争意识的同时，更需要注意方式方法，因为只有积极健康的竞争才会对孩子的成长有帮助。

为了获得胜利而采取不正当的手段，甚至不择手段，只能是两败俱伤，而伤得最重的将是自己。不能搞阴谋诡计，不能因竞争而产生嫉妒，要在"阳光"下公平竞争。家长要积极培养中等生增强面对失败、挫折心理的承受能力，让孩子学会自我调节，做到胜不骄、败不馁，以健康的心理、平和的心态迎接每一次竞争。

竞争的最终目的是求更大的进步。所以，合理地选择竞争对象和竞争目标，是达到竞争合理性和最优化的重要保证。因此，家长在引导中等生参与竞争中一定要讲究科学，要根据孩子自己的情况互相督促，互相帮助，共同进步，发挥自己的特长，弥补不足，充分发展。

● 提醒中等生竞争不忘合作

有人认为，只要是竞争，要么两败俱伤，要么一方战胜另一方。实际上，有更好的结局："以和为贵"求双赢，在竞争中取长补短，在合作中共同发展。

善于合作是当今社会每个人都必须具备的一种素质。通过合作，就有可能在最短的时间里获得最大的发展空间。因此，家长要引导孩子竞争时不忘合作，虚心向别人学习，许多情况下，合作能取得更大的效益，创造出单凭个人不可能创造的成绩。家长可以结合身边的事例使孩子明白，竞争与合作并不矛盾，应该做到竞争中合作，合作中竞争，最终实现共同进步，取得双赢的结果。

孩子竞争意识的培养不是一朝一夕的事情，还需要家长和老师耐心引导，使其成为逐步适应现代社会的竞争人才。

有乐观心态才会天天向上

沙海连天的沙漠中，两个人在艰难跋涉，见到剩下的半瓶水，悲观者说："哎，只剩半瓶水了！"而乐观者则说："呵，还有半瓶水呢！"最后，悲观者永远留在了沙漠，而乐观者却走出了沙漠。面对同一种现象，不同的心态，会产生不同的结果：悲观者永远只能看到失望，而乐观者则能看到希望。

一位哲人说过，生命也许是枯燥的，但乐观就是比血液更本质的水，是它滋润我们的舌根和灵魂，是它浇灌着我们的生命之花。在人生的旅途中，乐观者永远向前看，向前走，大步流星；而悲观者只能向后看，原地踏步，甚至向后退，惊慌失措。

广大中等生深知学习成绩的优劣决定着自己在班级中的地位，他们

第五章
隐形的翅膀:让中等生飞得更高的八个秘诀

也有人在暗暗奋发努力,以求学习成绩迎头赶上,也来个一鸣惊人,展示一下自己的能力与价值,让家长、老师、同学刮目相看。但大多数中等生又往往事与愿违,于是他们便不断怨叹着自己的命运。他们既妒忌优等生学习成绩出类拔萃,深博老师欢心,也妒忌后进生因这样或那样的问题,常牵着老师的心。**有些中等生在学习不得志又得不到家长和老师理解的情况下,失望之余便悲观起来,认为自己一无是处。**

一位母亲在博客中写道:

> 我的孩子在小学时一直学习不错,但是自从考入重点中学后,学习成绩和心态都发生了很大的变化。每次月考名次稍微靠后就不满意,考试成绩上不去,他也自责,由此经常唉声叹气、悲观失望。他每天都被自卑情绪围绕着,觉得自己什么事情都做不好,总是急于求成,还说期中考试如果再考不好就完了,期末考试如果进不了实验班也就没啥意思了……
>
> 我告诉他只要好好学习,循序渐进,总会有好的结果的。但他总是说:老师都说了,要是进不了省级示范性高中就一切都晚了。我又说,如果你想进省级示范性高中,就得加倍努力,才能实现跨越式发展,他又觉得不可能,觉得自己没那个实力。
>
> 虽然我们常说,人生的道路很宽广,但他总是钻牛角尖,把自己的路封得越来越窄,使自己越来越悲观,越来越失望。他一想到自己的前途,或者我们跟他交流关于他的前途时,他就变得脾气暴躁,打自己,摔东西,不吃饭,还说死了对不起父母,活着又对不起自己……

家有中等生

● 有乐观的家长才有天天向上的中等生

爱因斯坦小时候并不活泼，3岁多还不会讲话，父母很担心他是哑巴，曾带他去看医生，直到9岁时讲话还不通畅。在念小学和中学时，他一直属于"中等生"。由于他举止缓慢，不爱同人交往，老师和同学都不喜欢他。教他希腊文和拉丁文的老师对他更是厌恶，曾因为怕他在课堂上会影响其他学生，竟想把他赶出校门，但父母却没有放弃他。让这位老师没有想到的是，在父母的鼓励下，日后的爱因斯坦竟成为现代物理学的开创者和奠基人。

用乐观豁达的心态对待生活很重要，这是孩子应具备的良好品质。身为父母，应当努力帮助孩子培养乐观的心态，使其快乐健康地成长。

一名小学六年级的男生，凡事爱发表一番评论，评论近似于抱怨，想法趋向于悲观。这个孩子爱问问题，但经常被家长一句"小孩懂这么多干什么"给打发了。而家长上班时若遇到不顺心的事，回到家后往往毫不避讳地当着孩子的面抱怨，抱怨领导不公，抱怨人际关系不好。孩子无法插嘴，只有倚在门旁听着爸妈唠叨。在这样的家境中，孩子很难培养出乐观的个性。

孩子的乐观性格首先来源于家庭和谐，来源于父母，特别是家长的乐观自信、幽默豁达。家长的个性、对问题的态度，潜移默化中影响着孩子。家庭尽管是放松身心的地方，但在孩子面前，在外承担了各种压力的家长还是要注意调整心态，以乐观、坚强的一面去面对孩子，毕竟乐观、坚毅的孩子在将来的路上，能更为从容地面对挫折。

家长不仅自身要乐观，而且能够切实地帮助孩子，用自己的乐观精神感染孩子。这样，即使孩子在以后的生活中碰到困难挫折，也能始终保持健康的心态，具备心理承受力，克服困难并实现既定的目标。一个对自己的童年有幸福与温馨回忆的人，胸中会永远洋溢着幸福。

◉ 给中等生提供发泄苦闷和委屈的通道

在家庭中，父母应随时注意指导孩子自我排除心理障碍，学会自我调节情绪，使悲观情绪、不良情感或心理障碍及时得到化解，也就不会导致悲观性格的形成。

比如，孩子有了苦闷，要让他尽量诉说，发泄其情绪，不要让他的委屈长期压在心头，更不要不问青红皂白地批评、斥责；尽量回避孩子敏感、忌讳的话题，转移孩子的思路，减轻心理负担，等等。爸爸妈妈对待孩子的态度，往往是孩子乐观性格形成的重要因素。

父母批评孩子的方式正确与否，影响着孩子日后性格是乐观还是悲观。父母对孩子的批评应该恰如其分，不应把偶尔几次的错误夸大成永久性的过失。父母应该具体指出孩子的错误及犯错误的原因，使孩子明白自己所犯错误是可以改变的，并知道从何处着手改变。

家长应经常给予孩子积极的鼓励与引导，做孩子的朋友，注意倾听孩子的意见与要求，心平气和地与孩子讲道理，谈问题。在平等交流的气氛中，让孩子逐渐懂得自己对家庭和社会应承担的责任和义务。绝对不能让孩子幼小的心灵过早地体验忧伤、惊恐、冷漠、愁苦等消极情绪，而应该有意识地让孩子经常看到父母的笑脸，这样才有利于使孩子形成昂扬乐观的心境。

家有中等生

拥有平常心是幸福之源

所谓平常心，就是平等、平和、自然、正常的心态。有了平常心就能在得失取舍上顺其自然，就能活得轻松自在。没有平常心，整日在得失取舍上考虑，心灵不得安宁，看什么都不顺眼，就会心浮气躁，这是一种不健康的心理表现。

有平常心的人往往懂得满足。满足是对阶段性成果的肯定，是从一个平台走向另一个更高平台的短暂休憩。满足不是安于现状，而是一个调节。不懂得满足的人是不会生活的人，他将受累于生活；不懂得满足的孩子是不会学习的孩子，他将负重于学习。学会了满足才能对美好生活和未来产生憧憬，学会了满足才能充分享受快乐所带来的种种欢愉，学会了满足就拥有了一颗"平常心"。

一个健康的人不仅应该对自己的一切要有充分的认识，而且还必须愉快地承认和接受它，只有这样才能以一颗平常心正确地对待身边的人和事。有的中等生虽然了解自己的状况，却不能接受自己，因此长期感到不安和压抑，逐渐形成了一种自我封闭的性格。这对一个人的健康成长是极其不利的。

聪颖漂亮又性格开朗的睿睿今年13岁，刚升入某重点初中。妈妈发现睿睿最近总是沉默寡言，于是连忙联系了她的班主任，从老师那里得知，在学校里睿睿也有点上课注意力不集中。晚上回来吃晚饭的时候，妈妈就开始跟睿睿谈心，让她讲讲新学校的事，慢慢地让她说出心里的话。

原来睿睿在家接受的多为"出类拔萃"、"出人头地"的教育，她也争气，往往是她走到哪里，喝彩声便跟到哪里，因此她可谓伴着一路鲜花和掌声从家庭迈进了学校。在小学的时候，睿睿一直是班上的优等生，成绩好、人又活泼可爱，很得老师和同学的喜爱，还当上了班长。可是到了新的班级，在各路小"精灵"们汇聚的重点学校，班上的同学都是从各个小学里选拔出来的优等生，老师只让她当了个小组长。睿睿的优势自然不如上小学时那么耀眼，要强的睿睿便觉得自己很差劲，做什么都提不上精神，听课也听不进。

◉ 要中等生克服焦虑心理培养平常心

孩子在日常生活中，如果屡遭失败和蒙受耻辱，又不能尽快找到自信，就会对不愉快的情景增加敏感性，从而产生焦虑异常的心理。

试想，一个对学习忧心忡忡、顾虑重重的孩子，怎么可能兴致勃勃，孜孜以求地学习呢？对虽经努力学习成绩仍不理想的中等生来说，过度焦虑会造成其自信心不足，自暴自弃，以至对学习失去信心。过度焦虑还会产生考试怯场，从而抑制正常水平的发挥。显然焦虑心理对孩子的身心、学习和生活的危害不容小视。

事实说明，焦虑心理在中等生中表现得较为明显。他们学习勤奋努力，要求自己颇为严格，把满足师长的愿望当成自己的学习奋斗目标。他们在老师热烈的升学期望和家长"望子成龙"的阴影下学习和生活

家有中等生

着,学习上唯恐出丝毫差错,稍有不顺,便自责不已,甚至有负罪感。他们不论学习能力强弱,都会因一时的失误导致对自己能力的怀疑,从而焦虑不安。

也有一些中等生学习成绩不够理想,有较重的自卑感,可总是想获得成绩好的同学的那种"风光"和"地位",于是埋头学习,暗地里与人攀比,同时又十分计较别人对自己的态度和自己在同学中的影响。所以只要稍稍遇到一点挫折就会紧张不安,怕这怕那,使自己不能集中注意力于学习上,形成恶性循环。

有平常心的孩子才有快乐。所以,我们要让孩子以正常的心态看待优秀的同伴。同伴取得了一定的成绩,应为其感到高兴,真诚地为其喝彩,并学习其长处以补己之短。公平竞争,总会有胜败之分,对于胜出者,绝不该心存妒忌,将其看做敌人,深怀灭之而痛快的恨意,否则,这种扭曲的心态将影响到孩子的未来。

◎ 家长对子女教育也要有平常心

由于我平时注重对女儿依依进行这方面的教育,所以依依总是用一颗平常心来面对得失的。

2008年10月底,依依随我转学回到长春,由于此前在沈阳所学的课本与长春的课本版本不同,有些科目的内容竟然有2/3以上的差别。可刚入校的第二天就期中考试,我得知这个消息后一直静静地等着依依的反应,我想也许孩子会与我谈,说不打算参加这次考试,因为很明显这是一次"不平等"的考试。

可第二天依依依然满怀信心地走进了考场,当天回来后对我说:

"爸爸,我考得不理想,您一定不会怪我吧?"我说不仅不会怪你,还要表扬你呢,你能参加这次考试本身就是一个胜利,你的这种自信心和平常心,不仅值得很多孩子学习,也很值得我们成年人学习。过了几天考试结果出来后,依依的物理竟然考了个全班第二名,语文课本大部分都没学也考出了好成绩。两个月后的期末考试,依依以化学全年级第一、总分第十二的优异成绩完成了初三的学业。

我从来不逼迫孩子,孩子也坦然面对,结果是孩子在快乐的成长中,收获了优异的学习成绩和良好的综合素质。所以,家长自身有颗"平常心"很重要。

懂得争取也要学会放弃

"祸兮福之所依,福兮祸之所伏",老子的这句话告诉我们,"祸是造成福的前提,而福又含有祸的因素"。也就是说,好事和坏事是可以互相转化的,在一定的条件下,福就会变成祸,祸也能变成福,得到的不一定都是好事,而失去的不一定就是坏事。我们看待事情要全面,既要懂得争取,也要学会放弃。

在我们的生活中,都会不停地得到一些东西,同时也不停地失去一些东西,但在这种得与失之间,没有根本的好坏之分,我们不停地在接受着不同的人和不同的事物,在我们认人识物的本能上,都应以认识人或事物的根本为原则,不要被虚伪的假面目迷失了我们的眼睛。有得必有失,有失必有得,没有不失之得,也没有不得之失。

家有中等生

女儿依依在对待当班干部的问题上,很努力地争取过,也很平和地放弃过,得失之间孩子遵从自己的内心感受和心理需要,选择过程中既坦然又心态平和。

进入小学二年级,依依加入少先队。很快,老师又任命她当小队长,胳膊上戴上了"一道杠",手下管着十几个人。当孩子兴高采烈地把这个消息告诉我,我夸奖她有出息:"我上学那会儿,可从来没当过干部,你真了不起!"依依听了美滋滋的。

可是几天过后,孩子的情绪就降了下来。那天要上学了,她磨蹭着不肯走。我问她有什么事,她说:"我不想当小队长了,我想辞职。"我问为什么,依依讲了几天来自己的苦衷。自从当了小队长,孩子更加严格要求自己,不仅每天按时到校,上课认真听讲,而且还尽最大能力帮助同学,维持秩序。可是,一些调皮的同学不配合她的工作,不是说她"多管闲事",就是叫她"小豆包",甚至挑衅地说:"你管得了我?!"偏偏依依是个责任心很强的孩子,既然在这个位置上,就想尽职尽责。尤其看到有的同学犯错误,她更不想袖手旁观。结果,当她批评那些犯错误的同学的时候,大部分人根本不听。依依在班里年龄最小,个头也不高,显然大家没有把她这个"小豆包芝麻官"当回事。就这样,依依有了不想干的念头。她犹豫了很长时间才跟我说自己的想法,她说怕爸爸妈妈对自己失望,说自己临阵退缩,知难而退。

了解了孩子的想法和当了小队长后的心理状况,我很干脆地对依依说:"不适合自己的,就要舍得放弃。既然你想好了,

第五章
隐形的翅膀：让中等生飞得更高的八个秘诀

那就去找老师谈吧！"

在我的鼓励下，依依摘了小队长的队标，直接找老师辞职去了。事后，她对我说，看到别人顶替了自己，她偶尔还会有失落感。我对孩子说："拿得起放得下是一种境界，很多人只想着如何得到，要他放弃已经属于自己的东西很难。而爸爸却希望你在觉得应该放弃的时候，就明智地放弃，而不是违背自己的意志，强求拥有什么东西……"

这件事让依依懂得了，如何根据自身的能力进行取舍。

上中学后，依依还有一次舍"官"的故事，她把这个故事写成了一篇文章，收录在《范姜国一的快乐初中》这本书里，文章的名字是《我当科代表》。

新学期开学不久，同学们彼此熟悉了，老师对大家也有了一个基本的了解，各科选取科代表的事也提到了议事日程中。语文、数学、英语等主科科代表各有其人后，就只剩下几个副科。虽然我是班里年龄最小的，学习可不是最差的，况且我还有一些组织能力，所以，我很希望能够成为某一科的科代表。尽管如此，主科的科代表还是没有"光顾"于我。带着失落，我期待着剩下的几个副科科代表的竞选。

有些事情确实是意想不到的，我原想能得到一个副科科代表，我就心满意足了，可没成想，竟有两个"科代表"的头衔等着我戴。第一个是政治科代表，政治老师问了我们几个政治问题，我很干脆地回答上来了，就这么简单赢得了这顶"桂冠"；另一顶"桂冠"是音乐科代表，可能是大家还不很熟的缘故，也或许有些不好意思，在音乐老师让谁给大家唱个歌的时候，老师等了好半天也没人站起来，最后我站起来为大家唱了一首《小小少年》。

就这样，两天之内我得到了两个科代表。

我自小就像爸爸，做什么事都很认真，一上任我就开始忙乎了。虽说是副科，可是两个科的事也不少：收发作业、安排活动等。

一次，音乐老师让我安排几个参加文艺节演奏的同学打小鼓，还要我帮助整理好他们的资料。正在这时，政治老师来让我把实践本收上来批一下……

那天，我拖着疲惫而瘦小的身躯回到家，爸爸忙问怎么了，我与爸爸实话实说后，爸爸首先肯定了我的工作干劲，但是告诉我做什么事都要量力而行，强撑逞能往往事与愿违，那样对我的学习和成长都不利。听着爸爸的话，我小心翼翼地跟爸爸提出要辞去科代表的想法。爸爸没有马上表态，问了我几个"为什么"后，说道："根据你现在的情况，做两个科的科代表显然是不妥的，但是都辞去也是不恰当的，最好辞去一个保留一个。"

第二天，我找老师委婉地辞去了音乐科代表，老师肯定了我这段时间的工作后，接受了我的辞呈。那天傍晚，伴着夕阳我迈着轻盈的步履走向家门……

通过这两件事，依依懂得了如何根据自身的能力进行取舍。所以，我认为，让孩子学会放弃，有时比要她去争取获得更有意义。

我们在教育孩子的时候，常常注重培养孩子积极进取的品质，要求孩子勇于争取机会，要有上进心和竞争意识。如果哪个孩子不懂得争取、不愿意去争取，我们会认为这个孩子懦弱、不思进取。尤其当孩子要放弃到手的东西，我们常会用一个"傻"字来形容孩子。

其实，**我们要让孩子学着用豁达的心态去面对身边的事物，学会用辩证的思维来看待生活，既要勇于争取，又要善于放弃。**适合我们的机会、挑战，我们要鼓励孩子去努力争取，而不适合自己的，则要睿智地适时放弃。

● 教会孩子决定取舍

无论是放弃还是争取，我常对依依说：执著追求值得称颂，适时放弃也该赞美。如此教育孩子，在未来的人生中，孩子才不会勉强自己追求不适合自己的东西，也不会甘于平淡放弃锐意进取的意志。得之淡然，失之坦然，是一种健康的心态，也是一种境界。

告诉孩子追求完美没错，但是一定要知道很多事情是不完美的，"金无足赤，人无完人"，人要在不违背大原则的情况下，决定自己的取舍。

成功的人能迅速地做出决定，并且不会经常变更；而失败的人做决定时往往很慢，且经常变更决定的内容。取舍之间，要让孩子学会自我决断。"凡事预则立，不预则废。"告诉孩子平时经常开动脑筋，勤学多思，排除外界干扰和暗示，稳定情绪，培养果断的意志。这是关键时刻有主见的前提和基础。

家有中等生

宽容他人才能快乐自己

我很喜欢一首《育儿歌》：

> 挑剔中成长的孩子，学会苛责；
>
> 敌意中成长的孩子，学会争斗；
>
> 讥笑中成长的孩子，学会羞怯；
>
> 羞辱中成长的孩子，学会自疚；
>
> 宽容中成长的孩子，学会忍让；
>
> 鼓励中成长的孩子，学会自信。

可是生活中，学会忍让的孩子越来越少，而不宽容的家长却越来越多。

宽容，即原谅他人的过错，不耿耿于怀，不斤斤计较，和和气气，做个大方的人。宽容如水般的温柔，在遇到矛盾时，往往比过激的报复更有效。它似一泓清泉，款款抹去彼此一时的敌视，使人冷静、清醒。宽容，不仅意味着不计较个人得失，还能用自己的爱与真诚来温暖别人的心……

一天下午，刚上小学的安安放学回家，独自一人坐在房间里，好像受到了什么委屈。妈妈走过去问他："今天是怎么了，这么不高兴？"安安低下头不回答。如果是平时放学，妈妈下班一回家，安安肯定会高兴地跑到妈妈跟前，给妈妈讲在学校的见闻和各种家庭作业。妈妈追问："什么事情让你这样伤心

第五章

隐形的翅膀:让中等生飞得更高的八个秘诀

和气愤?"好久,安安才说:"妈妈我要去买一把刀。"妈妈问:"买它做什么,我们不是有切菜的刀吗?它还能用,不用买了。"安安对妈妈说:"妈妈,我要买一把很锋利的刀,吓唬吓唬那些欺侮我的同学。"

原来,安安在放学下楼梯的时候,不小心碰倒一个稍微比他大的孩子,那个孩子恶言相激,放学路上,两人打了一架。安安对此怀恨在心。安安说:"我个子矮,那个同学便借着他身高的优势,故意欺负我,我要出这口气。"

听了这话,妈妈告诉安安说:"你和同学现在有点小矛盾,不算什么,你一定要学会宽容大度,这并不代表你软弱,而恰恰说明你很有教养,很懂事。你明天去向那个同学道个歉,说不定你们还会成为好朋友呢!假如你要出这口气,你拿了一把很锋利的刀,去伤害了那个同学,而那个同学也一定怀恨在心,他对你也采取同样的手段,那样后果会很可怕。最后让爱你的人和你爱的人受到很大的伤害,这样就不值得了。"

人要有一颗宽容的心,才会天大地大。而要孩子宽容,首先要让孩子有理智。人没有理智,就如同汽车没有闸,迟早要肇事。因此,要培养孩子的理智,不动辄生气,不动辄发火,要有韧性。在处世方面,要做到尊重人、关心人、帮助人、理解人。

在澳大利亚一个度假村的大厅里,一个满脸歉意的工作人员,正在安慰一个4岁的小孩,饱受惊吓的小孩已经哭得筋疲力尽。

家有中等生

原来那天小孩特别多,这个工作人员一时疏忽,在儿童的网球课结束后,少算了一个孩子,将这个小孩留在了网球场。等她发现人数不对时,才赶快跑到网球场,将那个小孩带回来。小孩因为一个人在偏远的网球场呆了很久,受到惊吓,哭得十分伤心。

不久,孩子的妈妈来了,看见了自己哭得惨兮兮的孩子。妈妈蹲下来安慰自己的孩子,并且很理性地告诉他:"已经没事了,那个姐姐因为找不到你而非常紧张,并且十分难过,她不是故意的,现在你必须亲亲那个姐姐的脸颊,安慰她一下。"

乖巧的孩子踮起脚尖,亲了亲蹲在他身旁的工作人员的脸颊,并且轻轻地告诉她:"不要害怕,已经没事了。"

按照大多数人的想法,看到受了伤害的孩子,家长会立时失去理智,情绪失控,感到非常愤怒。然后,家长或疾声厉色地痛骂相关工作人员一顿,或直接向主管领导提出抗议,甚至很生气地将小孩带离,再也不参加这项活动了。

截然不同的处理方式,其实反映了两种家庭教育观念的差异。

这位家长在教育孩子时,能够从长远发展角度出发,善于利用各种机会促进孩子美好人格的形成。他们明智地选择这样的教育方式,是为了培养出宽容和体贴的孩子。

给别人开启一扇窗,可以让自己看到更完整的天空。

告诉中等生宽容并不代表软弱

宽容是一种良好的个性品质。在人与人之间的交往中难免会有一些冲突和误解，如果对别人没有包容和谅解，那么就很难有知心的朋友。女儿依依刚上初一的时候，老师安排她和一个男孩子同桌。那个男孩很内向，坐在座位上一动不动，下课了也不和依依说句话。性格开朗的依依试着主动和他交流，但是大多时候是问一句答一句。因为性格内向，同桌上课很少举手发言。而依依正好和他相反，平时就活泼外向，上课的时候更是喜欢举手提问或者发表自己的看法。依依总觉得同桌这样的学习方式不好，所以就给他提建议："上课要发言的，要和大家讨论问题。"可是，说了很多次他也没有反应。

结果有一天，依依又鼓励他举手发言的时候，他不耐烦地冲依依吼了一句："我发不发言，关你屁事！"这句话让依依很伤心，好心没得到好报，没想到这个同桌还这样没礼貌。"受伤"的依依回家后委屈地跟我说："爸爸，我想换同桌。"我告诉孩子，把这样的同桌换给别的同学，不也会像你一样吗，与其这样不如宽容点慢慢试着交往，他肯定也有他的优点。

依依调整了状态后，开始宽容地对待同桌，可能是感化的力量，孩子的努力终于没有白费，虽然那个男孩性格无法改变，但是消除了对依依的敌意，并渐渐成了可以相互交流学习的好同学。

谁都难免遇到情势所迫的无奈，无可避免的失误、考虑欠妥的差错。宽容别人并不是软弱的一种表现，也不会失去尊严，它是一种处理和完善不愉快事情的能力。

家有中等生

成功不拒绝失败

"失败"是我们很不喜欢的词，它却离我们很近。

正如孟子所言："天将降大任于斯人也，必先苦其心志，劳其筋骨，饿其体肤，空乏其身，行拂乱其所为，所以动心忍性，增益其所不能。"人生就是如此，通向成功的道路常常布满了荆棘，充满了数不清的艰难、困苦、辛酸与煎熬。试看古今中外，哪位成功者是一帆风顺的？经受过大的挫折磨难的人才会有大的作为。

作为成年人，升职晋级无望感到失败，经营亏损求职无果又触失败，恋爱受挫婚姻不顺再临失败……而作为孩子，得不到想要的东西、考试成绩不理想、体育不达标、得不到人的赞赏，都是一种失败。如此说来，人生道路上失败是无法避免的，那就只有去直面、去感受失败的历练。其实，经历失败也是一种学习。

而我们的孩子，有的只因为自己的要求没有得到满足或是一次考试失利，就离家出走，甚至仅仅因为没有考上重点中学而选择自杀。所以，现代家长一定要下大力气培养下一代的抗挫折能力。要让他们经受磨难，让他们承受压力，让他们经受失败。

我们告诉孩子要把失败当成机遇，当成什么机遇呢？当成学习的机遇，当成磨炼自己意志的机遇，当成增长自己能力的机遇。失败能断送一个人，也能锻炼一个人。

心理学研究表明，决定抗挫折能力高低的主要因素，是一个人的生活经历。从小娇生惯养，生活、学习、欲望等总是顺利地得到满足，没

第五章
隐形的翅膀：让中等生飞得更高的八个秘诀

有体验过困难与失败，他就不可能获得失败和挫折的经验，稍遇一点挫折就难以承受。相反，一个人在成长的过程中如能得到家庭、学校及社会等大小环境创造的各方面的锻炼机会，经历挫折教育，那么将来等他的生命之舟驶入广阔的社会海洋时，他就不会惧怕汹涌的巨浪，不会被人生的逆流所颠覆。

未来社会的成功者除了有文化、有创新精神外，还要有坚强的心理承受能力，才能适应瞬息万变、竞争激烈的社会。现在的孩子是未来的建设者，他们将面临更加激烈的竞争环境，对人的心理承受力要求会更高。

将来最吃苦头的，自然是"千疼万宠"娇生惯养中长大的孩子，因为生活中毕竟不光有甜，还会同时伴有酸、咸、苦、辣，现在光喂甜食，将来难免会反胃，只有尝遍了辛酸苦辣后，才能最后品尝出生活的甘甜。

我深爱着自己的女儿，把她看做自己在这个世界上存在的精神寄托。但是，我的爱是理智的，冷静的，我从不刻意让女儿逃避挫折，让她的生活与伤心隔绝。

女儿的人生虽然刚刚开始，可是，她已经经历了几次打击。其中最大的一次要数2004年了。自从中央电视台少儿频道开播以来，女儿就一直是它的热心观众，不仅每天都观看节目，而且还积极参与节目。

2004年5月初的一天，我们发现7岁半的依依趴在桌子上一会写一会画，忙得连饭都不想吃。问她忙啥呢，她说在给鞠萍姐姐和"顽皮"写信。我听了有些好奇，给他们写信干什

家有中等生

么呀？"你们不看节目呀？鞠萍姐姐和'顽皮'主持的节目里，每天都要读幸运小观众的信，还要展示小朋友的照片呢。我也要给他们写信，争取做幸运小观众，让他们展示我的照片，让全国的小朋友都认识我。"女儿说得兴高采烈的，仿佛自己已经成了幸运小观众。

我对她的这一想法表示赞赏，并表扬了她这种积极参与、敢想敢做的精神。但我心里很清楚，女儿这封信十有八九会石沉大海。我是老媒体人了，深知在浩如烟海的读者、观众来信中，要被抽中，不知道要有多大的运气。她妈妈看着女儿那快乐和满是憧憬的表情，内心有些不忍。希望越大，失望也就越大，是不是该找个理由，让女儿放弃这个行动？

妻子向我说了自己的想法。我沉思了一下，觉得还是放手让女儿按照自己的想法去做，一是给孩子一个参与的机会，二是给她一个面对挫折的机会。这对孩子不是坏事。

于是我们看着女儿忙活。她忙了很久，才写完给鞠萍姐姐和"顽皮"的信，又画了一幅"顽皮"的画像，然后拿来让我们看。字虽然写得丑了一些，但语句还算通顺，大大的"顽皮"画得也不错。我们对她又是一番肯定，她妈妈找来了信封和邮票。女儿将信、画和自己最满意的一张照片装进了信封里，仔细地封好了才肯吃饭。

第二天她早早就下楼了，在上学的路上，把信投进了邮筒，然后就开始了漫长的等待。每天她都要正襟危坐在电视机前，雷打不动地观看鞠萍姐姐和"顽皮"主持的《动漫世界》节目，节目快结束的时候，她总要紧张而又严肃地警示我们：

第五章
隐形的翅膀：让中等生飞得更高的八个秘诀

别出声，好好听，看今天是不是读我的信！

而每当屏幕上出现的不是自己的照片时，她总是失望地说："怎么还没念我的信？"然后神情就变得失落，别的节目也没兴致看了。我心里很难受，于是安慰她，一定要看淡这件事，全国那么多小观众，给鞠萍姐姐和"顽皮"写信的人不知道有多少，抽不到自己的是正常的。就如爸爸每天看那么多的读者来信，有多少读者收不到爸爸的回信呀？女儿点点头，可还是每天都盼着鞠萍姐姐和"顽皮"读自己的名字。

20多天了仍无音信，女儿彻底失望了，当再一次听到鞠萍姐姐和"顽皮"念别人的名字的时候，她大哭起来。我和她妈妈劝她别哭了，她伤心地说："这是我经历的最大的打击了，我能不哭吗？"说得我和她妈妈心里也觉得酸酸的。

妻子抱着女儿，用抚摸安抚着女儿，并用责怪的眼神看着我。言下之意，当初如果想办法转移女儿的注意力，放弃写信，不是就没有今天这样的伤心了吗？我一点也不后悔当初的决定，在今后漫长的人生道路上，女儿还不知道要遭受多少次类似的打击呢，我们能每一次都帮助她逃避吗？唯有勇敢面对，才能锤炼成强者！

相信女儿流过一次又一次眼泪之后，会笑对挫折和不如意！告诉孩子，学会抗拒挫折，坦然面对失败，孩子的步履会更坚定，人生路会更宽广！

孩子毕竟年龄小，能力有限，当他们遇到困难或失败感到沮丧时，父母要积极、热情地去扶一把，与孩子一道解决问题，并告诉孩子"失

败乃成功之母"，几乎所有的成功者都是经过无数次的失败才成功的，给孩子鼓足勇气，让孩子从失败的阴影中走出来，勇敢地面对失败，分析失败的原因，不断地总结经验教训，勇敢地向成功迈步。

● 引导中等生把失败变成财富

有人问一个孩子是怎样学会溜冰的，孩子回答道："跌倒了爬起来，爬起来再跌倒，这样就学会了。"任何人的成功都需要这样一种精神，**跌倒不算失败，世界上只有一种失败，那就是跌倒了不肯再爬起来，或爬起来不找跌倒的原因。**

爱默生说："只要你还能站起来，这就是一种成功，无论你曾经失败过多少次。"

孩子在成长的过程中，终归有面对失败的时候。孩子年纪还小时，多数家长往往一笑置之，抢着帮孩子处理问题，或者干脆让孩子放弃，认为他的能力还不足以完成这个任务，等再大些才能够胜任。其实只有给孩子失败的机会，孩子才能健康成长！

失败是成功之母，只有经历过失败，才能享受到成功的喜悦，也只有一步步成功，孩子才能真正地长大。

要引导孩子乐观看待学习上的困难，坦然接受学习生活中的不如意。追求成功不等于没有失败，没有失败的教育是残缺的，也是不合理的。

辩证地说，我倒希望孩子在学校多经受点打击，因为痛苦是一所学校，一所助人成熟、坚强的好学校。要让孩子懂得，失败面前，更要坚强，更要拼搏。在我看来，这比获得好成绩更有意义。

第六章

明天会更好:
中等生要记住的四个"重要"

品行好比学习好重要

前段时间,在接受《中国教育报》资深记者郭铭采访时,我曾说:"一个没有良好品行的人,就是道德低下的人、心灵缺失人格残缺的人,这样的人不管有多高的学识、多大的本事,都不会获得大成,也不会赢得他人。所以说,品行好比学习好重要。这些品行在我们的日常生活中,是看得见、摸得着的,比如谦虚、善良、宽容、感恩、节俭、勤劳、分享……"

所以,家长要注重对孩子品行的培养。**孩子学习可以中等,但是品行不能只限于中等,而应是上等。**

"谁知盘中餐,粒粒皆辛苦。"浪费一粒米饭,有什么可小题大做的呢?然而,这个细小的看法却有可能演变成花钱大手大脚、浪费随意的习惯。

很多家长认为如今生活条件已经大大改善了,社会的经济环境也越来越好,就没有必要再让孩子学会节俭了,让孩子吃好、穿好,做家长的脸上也有光彩。然而,这种想法是极其错误的。

因为,勤俭有助于磨炼人的意志,能锻炼人吃苦耐劳、坚韧不拔的品格。古人曾说过"俭能养志","苦其心志"、"劳其筋骨"是成就事业的重要条件。没有勤奋劳动、艰苦奋斗的精神和不畏艰险、努力拼搏的意志,就很难适应竞争日益剧烈的社会需要。俭朴的生活可以培养优良的品质,提高人的精神境界,如果让孩子自小养成好逸恶劳、追求吃喝玩乐、花钱大手大脚的习惯,那将来孩子很难成大器。

家有中等生

让我欣慰的是，女儿依依是一个懂事、明理、知道节俭的孩子。

2009年初春的一天，我一不留神将桌子上的石英钟碰到了地上，被重重摔了一下后，它就罢起工来了，任凭我怎么鼓捣，它就是不走，最后我把它判了死刑，又扔在了床上。没成想，这一扔竟让它奇迹般活过来了：滴答滴答开始走了。

三天后的晚上，我把家里能走的钟表，包括电脑、手机等统一时间，以中央电视台19：00开始的新闻联播为准，这一对点发现，有的快10分钟，有的慢8分钟。都调准了钟点后，我突然想起前几天被扔过的那个石英钟。石英钟像往常一样滴答滴答地工作着，可当我一看点，气就不打一处来，它竟然才走到16：00左右，一天慢一小时，这还要它何用？于是，我把它从客厅"轱辘"到卧室（此钟是一个直径20多厘米的汽车轮胎造型）。

依依迅速到卧室拣回来，一脸严肃地质问我："爸爸，你干吗这样对待它？"

"这个破表坏了，还留它干吗？"

"那就修修啊！"

"不值得一修。"

"咋不值得一修了？25块钱买的，花两三块钱就能修好的。"

我一时无语，心想：孩子的话也在理。于是，我又拿起《第四野战军征战纪实》看了起来。

半个小时后，女儿拿着已经修好的石英钟（至今还在正点运行着），用家长般严肃的口吻对我说："我已经把它修好了，要是买新的还得花好几十块钱，告诉你，以后不许这样了。"我像犯了错误的孩子一样连连点头。我既羞愧又欣喜，羞于自己的所为，喜于女儿的乖巧懂事，知道节俭。

要让孩子从小事着手，养成节俭习惯。首先在使用玩具和学习用品上要讲节约，不要因为玩具不好用了就丢掉，而是想办法看看能不能修理；不要写错一个字就撕掉一大张纸，不要老是碰断铅笔芯，书包、笔盒能用就用，不要轻易换新的，做到物尽其用。同时要在生活上讲节约，如人走灯灭、一水多用、爱护衣物等。孩子的衣食住行，不要高档化，只要吃饱穿暖，整洁大方就可以，不必过分讲究。

我们提倡教育孩子勤俭节约，要孩子做力所能及的家务，不乱花一分钱，目的不是通过孩子的劳动为家里创造财富，而是要孩子从小就习惯于劳动，习惯于节俭，通过磨炼，形成良好的品质，使孩子更有出息。

孩子出生时犹如一张白纸，我们做家长的就如画家、雕刻家，你涂什么颜色，他就是什么颜色；你刻成什么形状，他就成什么形状。孩子有没有好的品行，都源于育人者的教育思想。

◉ 拥有谦虚之心才能认清自我

谦虚是一种美德，谦虚也是一种求实的态度。它能使人比较清醒地认识自己所取得的成绩和存在的问题，比较清醒地认识自己与他人的关系。

现在的很多孩子往往不能正确对待荣誉与成绩,他们会因为骄傲自大看不起朋友和同学,会偶有一点进步就沾沾自喜,甚至会把集体的成绩看成个人的,这些表现将会使他们不再进步,甚至会脱离朋友和同学,脱离集体。

孩子产生骄傲感,往往源于自己的某方面特长和优势,父母应该先分析骄傲的原因:是学习成绩进步了、有某方面的艺术潜质,还是有运动天赋之类。然后应让孩子认识到,他身上的这种优势只不过限定在一个很小的范围内,放在一个更大范围就会失去这种优势;正确的态度应该是积极进取,而不是骄傲懈怠;并且优势往往是和不足并存的,同时应该努力弥补自己的不足。

● 知恩报恩才能坦对人生

中国古语有云:"受人滴水之恩,当以涌泉相报。"古人尚且明白的浅显道理,可是在被誉为"高度文明"的今天,知恩、报恩的声音却越来越少了。

我们要让孩子知道,**并非报大恩大德的大举动才叫报恩,对父母的点滴孝行,对他人看似微不足道的关心,也是一种报恩**。孩子如果能常怀感恩之心,不仅能培养他们与人为善、与人为乐、乐于助人的品德,促进他们健康人格的形成,而且对其今后和谐人际关系的建立也有着重要作用。

要让孩子学会感恩,首先就是要感念父母的养育之恩。因为父母是孩子的至亲,如果对父母的关心、疼爱不会感恩的话,那么孩子对别人就更加不会懂得感恩。让孩子懂得对父母感恩,因为他们给予了我们生命，让我们健康成长；对老师感恩，因为他们给了我们教导，让我们懂得思考；对朋友感恩，因为他们让我们不再孤单；对同学感恩，因为他们给了我们友爱。

如果我们的孩子拥有一颗感恩的心，善于发现事物的美好，感受平凡中的美丽，那他们即使学习不理想，将来也会以坦荡的心境、开阔的胸怀去应对生活中的酸甜苦辣，让原本平淡的生活焕发出迷人的光彩！

◎ 与人为善才能赢得朋友

曾经在路上听到这样的话："别人打你，你也打他，打不过就咬。""咱们宁可赔钱，也不能吃亏。"不难看到，很多家长在孩子受了一点委屈之后，而且往往是听了自己孩子的一面之词之后，立即气势汹汹地带着孩子向别人要说法。

这让我想起了我的童年。

年幼时，我是一个非常调皮、爱打架的孩子。打架的结果不是胜就是负，如果遇到比我小的，自然被我打败，当我兴高采烈回到家里时，被打败的孩子，正在家长的带领下，哭哭啼啼找上家门讨说法，母亲只好当着他们把我打一顿，让对方寻得平衡而归；如果遇到比我大的，自然是我被打败，当我哭哭啼啼回到家门时，也期望母亲带着我，去那个大孩子家讨说法，可母亲非但没去，还把我打了一顿。我困惑不解，打了别人回来挨打，被别人打了怎么也要挨打呀？母亲一边给我擦眼泪，一边对我说："孩子，妈就是要告诉你，不要和别人打架，要对人和气……"

母亲说了很多，综合起来就是：人要善良，要与人为善。此后，我

家有中等生

秉承母亲的教导，无论在部队在地方，无论在故乡在异乡，我都与人为善，由此赢得了一大帮朋友。

我继承了父母给予我的善良，善良的血液也从我身上流淌到了女儿依依的身上。孩子自小就善良，遇到流浪猫、流浪狗就要收养。由于我从卫生和安全等方面考虑，从来不养宠物，她的收养要求也没有被采纳。于是我建议给这些流浪猫狗在小区的楼下建个家，依依不时地去给它们送水送饭。有时，还把特别脏的猫狗抱上楼，为其洗个澡理理"发"，梳洗打扮一番后，再放回去。

遇到需要帮助的人，依依是一定要尽其所能给予对方帮助的，有时超出了自己的能力，我就告诉他，帮助人也要量力而行。

● 乐于分享才能感受快乐

与人分享、谦让礼貌，自古以来就是中国人的美德。可不知何时，我们在孩子心中埋下了自私的种子，如今自私、冷漠的孩子越来越多。

我们都知道，缺乏爱心的教育是残缺的、不完整的。我们都不愿自己的孩子成为一个智商高、能力强，却不愿分享、不懂关爱、自私冷漠的人。因此，**家长应该做有心人，从小给予孩子爱的教育，让孩子成为一个有爱心、会分享的人**。孩子的分享行为不是自发生成的，大人必须在日常生活中引导孩子怎样做。如：饭后吃水果时，有意识地引导孩子将水果分发给大人，告诉孩子好吃的要和大家分享，还可以尝试着让孩子把好的、大的先给别人吃，而大人在欣然接受孩子给你的东西时，别忘了说"谢谢"，让孩子感受到真实的分享，同时也在无形中让孩子学习礼貌待人。

让分享成为孩子自觉自愿的行为，家长要努力做到用快乐的情绪真实地和孩子分享，对孩子每一次小小的进步都要及时肯定和表扬，从而在一定程度上强化孩子的分享行为，让孩子慢慢习惯并乐意分享。

给孩子的心灵插上爱心和分享的翅膀，孩子才能成为一个有爱心、懂分享、会生活、爱学习的人。

善学习比拿高分重要

法国著名心理学家贝尔纳说过："良好的方法可使我们发挥天赋和才能，而拙劣的方法可能阻碍才能的发挥。"

中等生在学习过程中，要形成适合自己特点的学习方法，并不是一件容易的事情，它不仅依赖于孩子自身的探索、老师的辅导，也需要家长的参与。因为父母比任何人都了解孩子的兴趣与个性，更有可能参与到孩子的学习过程中来。我们要通过培养孩子良好的学习习惯，来提高孩子的学习成绩。

靠死记硬背、生搬硬套、机械练习固然能掌握大量信息和知识，形成某种技能，但是如此学习，一来因为方式单一、机械而使学习行为变得枯燥、乏味，没有趣味性，久而久之使孩子失去学习的兴趣；二来增加了学习负担，加大了学习压力，感受不到快乐；最重要的一点，如此获得的知识，常常因为不懂得运用而成为死知识、没有用的知识。

依依在她的第一部书《玩过小学》里，这样写道：

这天上英语课，老师说要我们记住几个英语单词：father

家有中等生

（爸爸）、mother（妈妈）、family（家）。她把单词写在黑板上，然后开始领着我们读，读熟了又领着我们拼写。

我早就会写这几个单词了，所以老师领着拼读的时候，我闭着眼睛很大声地跟着读，脑子里还在想，有爸爸有妈妈才有家。这三个单词放在一起很有意思啊！

老师说，既然大家都会写了，那咱们就在纸上把这三个单词默写下来吧。说完，老师转身把黑板上的三个词擦掉了。我快速写了出来，然后转动着手里的笔，眼睛骨碌碌转着看周围的同学。在打量同学的时候，我就发现好几个同学趴在桌子上咬笔头呢，一看就知道卡在那了。哪个单词他们不会呢？我重新低头看自己的本子，噢，肯定是那个"family"，字母太多了，可能就记不准了。

老师还不喊停，我就无聊地盯着那个"family"瞎琢磨，这个单词怎么样才能很牢固地记住怎么拼写呢？"f"、"a"、"m"……"father"、"mather"……我嘴巴嘟囔着，手在桌子上划拉着，突然眼前就一亮，"家"里有"爸爸"、"妈妈"，还有"爱"，把这几个单词组合到一起，不就可以组成"家"了吗？顺着这个思路，我继续想下去，最后想出了这样一句话："Father and mother, I love you."取这句话中的每个单词的第一个字母组合到一起，就是"family"！

老师终于开始检查同学默写的单词了。就听老师不断地对被检查到的同学说："'family'拼错了，你再好好看看。"果然如我猜测的，大家被这个单词难着了。老师检查完后回到讲台上，郑重地说："'family'这个单词大家记不准，那就一定

第六章
明天会更好：中等生要记住的四个"重要"

要下工夫，多读多写几遍。"我就想，如果把我刚才创造出的记忆"family"的方法告诉大家，不是就解决了这个难题了吗？于是，我举起右手。当我讲完了我的想法，老师高兴地为我鼓掌。然后领着同学们一起说："Father and mother, I love you."大家边读这句话，边在本子上写"family"，结果再没有同学写错了。

在引领孩子进行学习的过程中，家长做的第一件事，不是教孩子记住了多少东西，而是教给孩子科学的学习方法，要重视对孩子学习兴趣、学习动力、学习能力的培养，变"要我学"为"我要学"，学会了的知识和技能要能应用到工作和生活中。所以说，善于学习比拿高分更重要。

不要太看重学习成绩

"中等生"学习成绩中等，很多只是暂时没有找到适合自己的学习方法，没有很好地适应学习而已。中等生孩子一般都很懂事，他们不愿给家长和老师添麻烦，可他们却非常需要家长和老师的帮助。如果有可能，家长和老师应该对处于中等的孩子的学习介入得更深一些，以便能够分析问题到底出在地方。扶孩子走一段，等他适应了再慢慢放手。

有时想想教育孩子就是参加一项马拉松比赛，没有跑到最后，谁也不知道结果如何。任何成绩名次都是一时的现象，孩子自己才是最有资格对自己评分的人，所以没必要把孩子的分数看得太重。如果能理解孩子包容孩子，不因为迷恋有形的成绩，而去击垮孩子无限的潜能，孩子

153

家有中等生

也许会活出一个让我们惊讶的人生。

◎ 善学习就要会思考

曾读过这样一个故事：

老师想测试一下自己的两个学生，就拿来一箩筐花生，问他们如何能得出每个花生都有一层薄皮的结论。两个孩子开始行动了。一个孩子将所有的花生都剥开来一一验证后，告诉老师每个花生都有一层薄皮；而另外一个孩子则将这些花生按大小和胖瘦等进行分类，每类剥开几个，也得出同样的结论。

得出一个相同的结论，第一个孩子用了几个小时，第二个孩子用了一刻钟。这就是会不会思索的差异，由此可见，善于思考对一个孩子来说是多么重要。

孔子说："学而不思则罔；思而不学则殆。"意思是指，如果学习书本知识而不思考，就会不辨真伪，更不能融会贯通，学以致用；如果只是苦思冥想却不认真读书，就会孤陋寡闻，才疏学浅，更不能做到博观约取、标新立异。他告诫我们读书时反复思考，可以起到消化、吸收、运用和发展知识的作用，同时也可以培养一个人的学习能力和研究能力。

法国作家伏尔泰曾经对此有过一段精辟的论述："书读得越多而不加思考，你就会觉得你知道得很多。而当你读书思考得越多的时候，你就会清楚地看到你知道得还很少。"对于所学的东西，要积极思考、认真分析，弄清知识的来龙去脉及相互之间的有机联系，做到活学活用、举一反三。唯有如此，你才算是真正领悟到知识的奥妙所在。

所以，我们要让孩子明白，善于学习的前提是勤于思索。同时，让孩子知道，学习的目的不是应付考试，而是为了拥有知识，为了自我的发展。在这个基础上，引导孩子进行有目标的学习，学习才会充满动力。

教会孩子思考，这对孩子来说，是一生中最有价值的本钱。 但是，我们经常发现，我们的孩子在学习和生活中往往没有养成多思考的习惯，他们学习成绩上不去，对所学知识一知半解，甚至有的孩子厌倦学习，通常是因为缺乏应有的思考策略，以及不会正确地思考造成的。我们的很多中等生之所以"中等"，并不是因为他们有多笨，而是没有学会思考、不善于思考的结果。

有些中等生学习热情很高，题做了不少，辅导班参加了不少，可对所学知识仍然是一知半解。究其原因，就是没有把握好思考这个关键环节。学习是一个接受的过程，只有通过思考，才能沟通和建立各种知识之间的联系，使静止的知识变得鲜活起来，变成自己的财富。思考，是对学到的知识进行归纳、提炼、消化和吸收的过程。在学习过程中要勤思考，多领会知识的背景、基础、内涵、实质，并用于学习中。只有这样，学到的理论才是系统的、全面的，学习的效果才会好。

因此，家长要教会孩子一些必要的思考策略，有意识地培养孩子的思维品质，逐步提高孩子的思维能力，使孩子学会思考，善于思考。只有把孩子培养成一个思考者时，孩子才能体验到学习是一种快乐和幸福的事。

能力强比分数高重要

在分数、名次高于一切的时代，中国孩子的能力在日渐退化。看看我们的身边吧：四五岁的孩子还要喂饭；小学低年级的孩子不会穿衣服；小学高年级的孩子不会系鞋带；初中生不会做家务；高中生不会洗衣做饭；上大学还要家长陪护；大学毕业了，要父母陪着找工作；参加工作了，或是因工作能力差、或是因适应能力弱，不久便被辞退回家啃老……

几乎所有的家长都特别关注孩子的学习成绩，认为学习成绩的好坏就是优秀与否的标志，只要孩子学习好，其他的缺点就忽略了。这显然是不正确的，家长应该重视孩子能力的培养，而不要老盯着考试成绩。

一个学习成绩好的孩子，不一定有很好的综合能力，而能力才是未来的生存之本，我本人就是这样一路成长起来的。由此，我认为：教育的最终目的，是让孩子拥有生存的能力，让孩子全面成长，从而可以在漫长的一生里快乐、从容地度过每一天。现实告诉我们，一个综合能力强、心里充满快乐、阳光的孩子，在学校的成绩不一定好，但走出学校后，无论他身在何处，都会因为适应环境的能力强、生存的能力强，而顺利找到自己的位置，发挥自身的价值。

所以，教育的最终目的不在于孩子学了多少文化知识，考了多少分，不在于他是中等生还是优等生，而在于他是否成为一个完整的人，一个全面发展的人。

第六章
明天会更好：中等生要记住的四个"重要"

● 表达能力让中等生展现自我

这里的表达能力主要是指语言表达能力，就是运用语言表达自己的观点，以及与他人沟通的能力。在现代快节奏的社会中，语言表达能力的高低将直接影响甚至决定一个人的成功与否。

我们讲素质教育就离不开语言表达能力，语言表达不仅是智力开发的基础，更是孩子将来立足于世的基本技能。所以，注重培养孩子能力的家长，在眼睛紧盯着孩子的分数、关注着孩子做了多少题的时候，请不要忽视对孩子语言表达能力的培养。

女儿依依自小喜欢听故事，于是讲故事的过程也常常是我引导孩子学说话的过程。我常常会在讲到一半的时候停下来，问依依："你觉得接下来会怎么样呢？"依依于是就呜哩哇啦说上半天，足可以写上一部长篇小说。而当一个故事讲了无数遍时，我会对依依说："不如我们自己编一个故事吧。"依依很有兴致地答应，于是你说一句，我说一句，拼凑出一个完整的故事。

尽管有时候故事编得很荒唐，情节很离奇，可是在编的过程中，依依绞尽脑汁、挖空心思，有时为了想一个词，依依咬着手指，摇头晃脑想上一会，不满意的时候自己摇摇头，自言自语说："不行不行，再想一个。"这对于提升孩子的语言组织能力很有帮助。而且，这样的游乐锻炼的已经不仅仅是语言表达能力了，还有遣词造句的能力，对今后的写作也有很好的促进作用。

家有中等生

● 交际能力让中等生左右逢源

孩子在成长过程中必定要与他人发生交往，形成直接的面对面的人际关系。良好的人际关系，不仅能给人生带来快乐，而且能帮助人走向成功。而现代社会，独生子女常常由于缺乏兄弟姐妹和自然交往的伙伴，以及周围环境的封闭，得不到同龄伙伴的友情和亲密的邻里互助的机会，而变得孤独、忧郁不安、不善交往。

所以，**家长要鼓励孩子多与邻居、亲友等各个领域不同的人群去主动交往，对周围的人感兴趣、不怕生、不退缩。**

事实证明，凡善于处理人际关系的人，走到哪里都受到大家的欢迎，他们的才能可以得到充分发挥，他们所在的群体容易产生合作精神、活跃的气氛和热情互助的情境。随着社会的发展，素质教育的推广，家长应从小就注重孩子人际交往能力的培养。

女儿依依在我的引领下，随着语言表达能力和沟通能力的日渐提高，交际能力也越来越强。2010年新学期开学一个月后，为了保证睡眠和更有效的学习，孩子提出了退寝通勤的想法。通勤后，上学和放学要乘坐学校的校车。当我答应她的要求后，她说自己去找车队队长办理通勤手续。因为，我深知孩子的交际和沟通能力很强，所以我允许她去了。

三天后，孩子乐呵呵地拿回了校车通勤证。这期间，为了通勤的时间（学生放学的时间不一样）、站点、车费等问题，依依先后三次到办公室、两次电话与车队队长沟通，经过几次"艰苦卓绝"的谈判，终于乘坐上了学校的校车往返于家校之间。

第六章
明天会更好：中等生要记住的四个"重要"

孩子终究会长大，会独自走向社会。他们能否独立生存，能否获得成功，主要看他们能否与人和谐相处，知识使人变得文雅，而交往能力使人变得完善。

◎ 创新才能让中等生拓宽未来

没有创新，就没有未来。没有创新能力，就无法创新。

说起创新，女儿依依做的纸飞机让我记忆犹新，最初她也和常人一样折出普通的飞机来，但是玩着玩着，她就开始琢磨：能不能让飞机飞的时间长一点，慢一点落地呢？顺着这个思路想下去，孩子有了在飞机双翼上加"降落伞"的创意。经过几番实验，"降落伞"——一片小塑料纸，被成功系到飞机双翼上，并且经过调试，飞机终于可以缓缓降落，极大地延长了在空中飞行的时间。

有的父母或许认为，自己的孩子不是具有创造能力的人。其实，这是家长的一种盲性认识，把创造能力看得太神秘，太高不可攀了。对于孩子来说，虽然他们并不能创造出什么震撼世界的东西，但他们却蕴藏着巨大的创造潜能，只不过是潜在的创造力还没有被开发利用起来罢了。

◎ 动手能力为中等生增添自信

现在的家长出于爱子之心，恨不得为孩子做一切事情。多数家长让孩子"一心只读圣贤书"，平时简单的家务劳动诸如洗碗、扫地之类，一揽子留给了自己。

家有中等生

由于家长太"能干"了,以至于剥夺了孩子锻炼自我的动手机会,压制了孩子的自主发展。所以在"勤快"、"能干"的家长身边,大多是依赖性强、娇生惯养,缺乏独立生活能力、缺乏解决问题能力和挑战精神的孩子。

常常听到有家长指责正做手工的孩子:"瞎忙乎什么?有那时间看看书,多做两道题!"每当这时,我总为这样的家长感到遗憾,因为他不仅仅驱走了孩子此时萦绕于心里的快乐,而且毁掉了孩子进行动手能力、创造力、想象力训练的机会。

培养孩子的动手能力,让孩子学会照顾自己,打理自己和家人的生活,是孩子应该学习的一门课程。从小培养孩子的动手能力,可使孩子动脑又动手,心灵手巧。尽管动手劳动会使孩子感到疲乏和劳累,但劳动是会有收获的,当孩子看到自己的劳动成果时,会感到精神上的满足,还可以增添孩子的自信心。

◉ 吃苦能力为中等生人生添彩

近年来,随着物质生活水平的逐渐提高,越来越多的家长对孩子是千娇百宠。这些家长或者自己曾吃过苦,抱着一种补偿心理,或者是生活很富有,想让孩子和自己"享福",为此无度地满足孩子的物质需求,对孩子百般溺爱,不让孩子吃半点苦。

其实,吃苦也是一种能力,一种重要的生存能力。吃苦能力越强,孩子的生存空间就越大。生活的艰难正是孩子成长所必须要经历的,也是成长必需的一种营养。如果真的为孩子好,家长就应多创造一些机会,让孩子自己去体验生活的艰辛,历练他的意志,正所谓"劳其筋骨,饿其体肤,增益其所不能……"

为了孩子将来有个强健的体魄,也为了让孩子有坚强的意志品质,从小我就有意识地培养女儿依依的吃苦能力。从自己打理自己,帮助料理家务,到去乡下参加农业生产;从出游在外,到在家学习,该吃的苦头我都让她"品尝"。可能有人要说,你不是倡导快乐教育吗,怎么还让自己的孩子去吃苦啊?我所倡导的快乐,不是随心所欲为追求享乐而获取快乐,而是通过自身的体验感受的快乐、通过付出努力征服困难而获得的快乐,这样的"乐"才是实乐、大乐。

最初,让孩子吃苦我也心疼,但是看着孩子日渐坚强自信,我心想:这苦吃得值!当然,让孩子吃苦要根据孩子的年龄和身心特点,切不可让孩子做超越极限或无法承受的事。由于依依自小有这种意识,所以每次劳动她都很高兴,每次爬山、远足、旅游她都很开心。我买车几年了,大多时候就在楼下停着,无论是上学还是逛街购物游玩,她从来都没有要求我去送送她,有时我看天气不好或者时间来不及主动提出送她,大多时候她都推却了:"爸爸,没事,我自己坐车去就行!"

如果你是家境好的家长,请不要忘了让孩子尝尝酸甜苦辣,看看百样人生;如果你是一般家境的家长,也不要忘了给孩子品尝苦辣酸甜,磨炼孩子的坚强性格。

能快乐比会成功重要

几乎没有人不向往成功,在普通大众的眼里,成功那是一件多么荣耀的事情呀!一个人取得了成功该是多么伟大和了不起呀!

家有中等生

可是，成功了就快乐吗？不尽然。

东子有幸接触过一些成功人士，一些看起来生活得非常风光的成功人士，可他们大都感慨自己并不快乐。他们说，如果让他们重新选择，他们宁要平淡的快乐，也不要轰轰烈烈的成功，因为很多时候这轰轰烈烈是用牺牲快乐换来的……

就生命的本质而言，快乐的人生才是有意义的人生，快乐要比成功重要得多。如果一个人的一生只注重追求成功，而放弃了对快乐的追求，甚至为了成功而牺牲对快乐的拥有，那么他的一生只能是压抑、沉重而没有意义的一生！

可怕的是，有太多太多的人在制造着这样的人生，不但为自己，更为自己的孩子，让那些原本该无忧无虑尽情享受快乐的孩子，在成功的重压下心灵扭曲、精神忧郁……

现代人对成功的追求越来越偏激，对成功的理解也越来越带有功利性了。尤其对孩子的成功的要求，太过于狭窄和单一了，似乎孩子只有早早上大学，小小年纪出上几本书，将来成个什么什么家，才是成功。

其实，成功是一个相对的概念，不一定成功者都轰轰烈烈，平淡中做好自己的事，是一种成功；快快乐乐走过一生，做了自己该做的事也是一种成功。相反，你成名了、你轰轰烈烈了，可是你并不快乐，你能说你的一生是成功的吗？

2010年4月27日《楚天都市报》报道：

> 武汉市武昌区昙华林小学六年级学生小芸，报名择校（初中）的简历中，绝大部分是各类获奖证书的复印件，从学校的"星级学生"、"三好学生"、"优秀少先队员"、"优秀播音

第六章

明天会更好：中等生要记住的四个"重要"

员"、"守纪小模范"、"爱心大使"、"科技小博士"、"文艺小明星"等荣誉称号，到校外的奥数、英语、作文、古筝、诵读、涂色、计算机、围棋、绘画等竞赛的奖项，到目前为止，她共获得了59个证书。

"女儿正在培优呢，我们还觉得证书不够。"4月26日晚，记者联系上小芸的妈妈刘女士时，她无奈地告诉记者，自己咨询后得知，初中学校嫌女儿的证书分量轻，"虽然孩子是全面发展，招生人员却觉得她学科特长不明显，比如奥数证书太少了。孩子现在周末就在培训奥数。"她感慨道："现在的孩子累死了，女儿每天早晨6点就起床读英语，晚上经常做作业到11点，周末还要培训，否则哪会做奥数比赛的试题。"

孩子们这么多的证书是怎样获得的？一位小学校长介绍，除了常规的一些证书是学校对学生在校学习表现的肯定外，另外的大多数证书是要通过校外培训、参赛获得。

每每看到这样的新闻，东子都痛心不已，甚至是痛恨难平，痛心于无奈无知的家长和可怜可悲的孩子。

想想看，一个只有十二三岁的小学毕业生，为了能够上所谓的"重点初中"，竟然怀揣59个各类证书，而那个愚昧无知的招生人员竟然嫌不够分量，还要逼迫孩子去学"奥数"。

再想想看，这59个证书背后是什么？是孩子劳累的汗水，是孩子辛酸的记忆，是孩子痛苦的童年；是家长的日夜奔波操劳，是家长的倾囊家中积蓄，是家长的无奈无助……

如果说这些证书都是孩子自己想得到的，而且是通过快乐的学习而获得的,倒也无可厚非,可事实并非如此。避苦趋乐是人之本能,孩子亦然。所以,我要问,以牺牲孩子童年的快乐为代价换取的这些证书究竟有何意义呢?

如果我们问现在的孩子"童年是如何度过的",相信问多少个孩子,答案都是一样的,那就是:在题海中,在各式各样的培训班里,在高压下,在分数前……

就这样,从学校到家里,从老师到家长,孩子终日面对的,是沉重的希冀和超负荷的书包、无休无止的作业和没完没了的补课……

现行教育一个很大的误区是,一味地追寻所谓成功教育,以考北大上哈佛为目标,而忽略孩子的快乐感受。成功固然很重要,但它却不能代替快乐。让孩子从小体验快乐,成为一个快乐的人,这比成功更为重要。

拥有59个证书的孩子不一定能成功,但快乐肯定不会很多;而没有或者少有证书的孩子不一定不成功,但他们肯定快乐得多。

◎ 可以不成功但不可以没有快乐

家长都希望孩子成功,但如果把成功看得比孩子的快乐更重要,甚至只问孩子是否成功,而视孩子的快乐为可有可无的东西,就有偏差了。只要仔细看看我们的生活和人生,就会发现,即使是真正的成功,也只是快乐的一个来源,而不是快乐的全部源泉。用不科学、不正当、不合适的方法取得的所谓成功,实际上恰恰伤害了孩子。我们应该明白,成功只是手段,孩子的快乐才是目的,而孩子的快乐就是孩子合理的意愿、需求能得到满足。

科学研究证明：心情好的人最能发挥潜力；快乐能提高效率、创造力和正确决策的概率；快乐的人有开明的思想，愿意帮助别人。一代又一代人的经历告诉我们，成功与快乐对孩子的影响是不一样的，快乐对孩子的健康成长比成功更重要。一个有幸福感的孩子，一个在快乐感伴随下成长起来的孩子，他的身心会很健康，对世界、社会、人生等问题的看法会更正确，为人处世更趋于合情合理。而所有这一切，靠成功是很难做到的。孩子有了快乐，成功是迟早的事；孩子没有快乐，即使取得了大大小小的成功，也难以避免种种不利的结果。

快乐生活是一种能力

心理学研究表明，童年生活会在人的心理上留下深刻的烙印，甚至伴随人的一生。一个人如果没有快乐的童年，不但会在心灵上、情感上留下巨大而难以弥补的缺憾，而且会影响孩子的心理健康以及情感智商的发育。而一个心理上不够健康、情感智商很低的孩子，即使功课学得不错，也难以最终成为适应社会的优秀人才。

在中小学阶段，孩子的情绪对其目前的学习、未来的生活都有着不容忽视的影响。别说孩子现在不快乐，只要将来快乐就可以。现在不快乐，将来也难以快乐，如果长期让孩子处于不快乐的状态，还会导致他失去快乐的能力。

孩子能够快乐地生活是一种能力，而让孩子快乐地生活则是父母的义务。所以，在关心孩子吃饱穿暖的同时，更要关注孩子在学习和生活中的心理感受，让他们感受到快乐，让他们在健康的心理环境中成长。

要淡然对待成功，不要把孩子能否成功、能否考高分看得太重，而是要顺应孩子的天性，给他们快乐。有了这样的心态，不去拔苗助长，"苗"反而会更健康茁壮地成长。更进一步说，如果我们教育、引导得法，快乐与成功并不会成为一对矛盾。只要我们注重孩子的快乐，注重将学习建立在快乐的基础上，让孩子真正热爱学习，那么孩子定会在快乐的状态下去博得成功，定会成为"快乐的天才"。

就算孩子是中等生，不管学习怎样、是否成功，只要能够快乐地度过美好的学习时光，就是在健康成长，而一个健康成长的孩子，定会拥有一个幸福的未来。

延伸阅读

编辑的话　亲爱的读者，感谢您选择了这本书。如果没有您，这凝聚了作者与编辑心血的作品，就太寂寞了。

《王金战育才方案——
学习哪有那么难》

半年热销 50 万册，雄踞教育类图书排行榜第 1 名
一位超级教师的育才奇迹，他的方法竟如此简单

　　王金战用实践证明了"没有教不好的孩子"，而他的方法却如此简单。他的每个精彩故事都融入了深刻的教育智慧和独特的王氏幽默，告诉我们：差生和优等生之间只隔着一层窗户纸，而它随时可以轻轻捅破。

　　他的教育方法适用于所有的中国家长和老师，也能启迪所有的学生找到自己身上巨大的潜能。

作者：王金战　定价：28.00 元　ISBN：978-7-301-15137-2

《数学是怎样学好的——
王金战教你玩转数学》

超级数学教师 20 年的看家秘籍
让对数学头疼的孩子也能考出高分

　　被喻为"高考战神"的王金战是一位神奇的数学老师，听了他的课，你即使再讨厌数学，也有爱上它的冲动。他在考前面对面辅导两小时，就能让学生的数学成绩提高20分。在书中，他不但用生花妙笔描绘了美丽的数学世界，引发学生的学习兴趣，更把破解高考数学题当成智力游戏，三言两语就能点破解题的关键。

　　他的解题方法看了就能懂，懂了就能用，用了就能出成绩。让学生们在不知不觉中征服数学、爱上数学！

作者：王金战　定价：26.00 元　ISBN：978-7-301-17103-5

更多好书，尽在掌握

大宗购买、咨询各地图书销售点等事宜，请拨打销售服务热线：010-82894445

媒体合作、电子出版、咨询作者培训等事宜，请拨打市场服务热线：010-82893505

推荐稿件、投稿，请拨打策划服务热线：010-82893507，82894830

欲了解新书信息，第一时间参与图书评论，请登录网站：www.21tbcbooks.com.cn